SOURIS TU ES UN ANGE

De la réconciliation vers l'Envol

Marie Do Véhouiah

C.P. 98 Varennes, (Québec) Canada J3X 1P9

Auteure : Dominique Véhouiah
canalise l'enseignement de Van
Édition : Dominique Véhouiah
assistée de André DeLadurantaye
Correction d'épreuves : Annie Joret
Illustration de la couverture :
Dominique Véhouiah
Impression : Imprimerie Gagné Ltée

Dépôt légal : Deuxième trimestre 1996
Bibliothèque nationale du Québec
Bibliothèque nationale du Canada
Bibliothèque nationale de France

Données de catalogue avant publication (Canada)

Van (Esprit)
Souris, tu es un ange : un conseil d'amour chaque jour
ISBN 2-921662-12-4
1. Ecrits spirites. 2. Amour. 3. Anges. I. Véhouiah, Dominique, 1950- . II. Titre.
BF1311.V34V35 1996 133.9'3 C96-940484-0

IMPRIMÉ AU CANADA

SOMMAIRE GÉNÉRAL

Légende de l'illustration de couverture :

Chaque Âme qui s'éveille est un soleil qui se lève.

REMERCIEMENTS

Je remercie Tous les Êtres
de Lumière qui m'Accompagnent
dans cette aventure, particulièrement
Ceux qui se sont signalés par leurs
Révélations et leurs Guidances :

Marie, Le Christ, St Joseph,
Van, Président du conseil de
coordination d'Urantia (la Terre).

Les Archanges Métatron, Sandalphon,
Michaël, Uriel, Gabriel et Raphaël,
les Anges Véhuiah, Jeliel et Aniel,
les Anges de la Lumière et de
l'ombre, l'Ange des amoureux
et mon Ange gardien, Emmanuel.

Les apôtres St André, St Pierre,
St Jean et St Marc, les évêques de Paris,
St Germain et St Denis, St Laurent,
Les Maîtres d'une lignée de Yogi de l'Inde

Je remercie également mes parents
et mes amis qui ont contribué à
la réalisation de ce livre tel
qu'il est entre vos mains :

José, Lucile, Henri, Claude,
Jeannine, Andrée, Patrick, Monique,
Stéphane, Annie, Éric, Esther, Lainey,
Yolande, Louise, Paulo, Francine, Michel,
Marc, Sonia, Kamala, la correctrice
et André, l'éditeur.

Un livre à
Vivre dans tous les
Sens au gré des pages qui ne
S'ouvrent jamais au hasard. Elles
Nous répondent et nous appellent.
Toujours elles nous interpellent.
Elles ne se découvrent que
Pour nous inviter à
Nous découvrir.

INTRODUCTION DE L'AUTEURE

Tout a commencé il y a huit ans dans le métropolitain parisien en me rendant à mon lieu de travail.

Et tout prend forme aujourd'hui à Montréal où la destinée avait organisé d'agréables rendez-vous : avec un éditeur, une famille spirituelle, de nouveaux amis et de nouvelles inspirations ...

En 1988, l'activité professionnelle que j'exerçais alors ne me satisfaisait pas pleinement. Estimant ne pas être la seule dans ce cas, je m'efforçais de me focaliser sur tous les aspects positifs de cette situation.

Mon état psychologique était perturbé. Mes sentiments oscillaient de la révolte à la soumission, du découragement à l'espérance. Ces impressions paradoxales ont certainement favorisé l'éveil d'un dialogue intérieur favorable à un réconfort.

Afin de vivre plus facilement cette tranche de vie, chaque matin, pendant la traversée souterraine de Paris, j'établissais avec l'Invisible un monologue qui, très vite, est devenu une conversation.

Une Voix Inspirante me parlait, rassurant la partie de moi qui se sentait à l'étroit. Cette voix intérieure m'incitait à ne pas me laisser envahir par la morosité.

Pour cela, elle m'apprenait simplement à porter un regard différent sur le monde, sur les êtres et sur les événements : ne percevoir que leur côté positif.

Sans m'en douter, sous la forme de conseils rayonnant de Vérité, je recevais les premiers messages d'un Enseignement plein de Sagesse. Quotidiennement, j'inscrivais ses Instructions sur un carnet. Elles renforçaient ma Foi et donnaient une orientation à ma vie.

Au fil des mois, j'ai compris que cette sagesse intérieure était l'expression de la Sagesse du Soi, cette Dimension divine qui est en Chacun de nous.

Un "JE", rempli d'Amour m'enveloppait de sa Douceur : "JE SUIS avec toi ... Reprenons la route Ensemble main dans la main ... JE Vais t'Apprendre à t'Aimer comme JE t'Aime et à Aimer comme J'Aime "...

Mes appels, adressés dans un premier temps à l'Au-delà, m'ont conduit à découvrir mon Maître intérieur, les guidances du JE SUIS.

Une Source d'Informations, bien plus fiable que celle procurée par les raisonnements du mental, m'était devenue accessible.

Au fil des années, les messages reçus se sont révélés de plus en plus didactiques me traçant une Voie initiatique, la voix du Cœur.

Progressivement, leur lucidité illumine de sa dimension évolutive chaque expérience de vie traversée. Leur puissance d'action assouplit mes points de vue. Leur tendresse élargit mes seuils de tolérance. Leur humour m'incite à me soustraire du ressentiment et à sourire de tout.

Cette Sagesse ne se contente pas de me donner des "modes d'emploi". En parallèle, la vie me présente le terrain idéal pour expérimenter leurs mises en application. Mes compréhensions sont mises à l'épreuve.

Mon histoire n'est pas exceptionnelle. Elle est l'histoire de Chacun. C'est l'éveil de la conscience qui aspire à s'unir à l'Âme Universelle et à son Âme.

Laissons-nous Aimer par la Source d'Amour Incommensurable d'où nous venons. Elle a établi sa demeure dans notre Cœur. Elle est disposée à nous Guider.

Elle manifeste assurément ses Éclairages si nous Lui accordons du temps : nos instants de calme, et si nous Lui créons un espace : notre écoute attentive.

Elle Répond assurément à Chacun d'une façon ou d'une autre, dès qu'Elle Entend l'appel de son Âme.

Prenons le temps de nous mettre à son écoute. Elle nous apprend à nous mettre à l'écoute de notre véritable Dimension : notre Soi divin.

Dominique Véhouiah

À tous ceux pour lesquels Aimer est “ Essence-Ciel ”

À cette belle Âme qui, des Plans de la Lumière,
“ m'ouvre la voie et guide mes pas ”,
José, mon père chéri.

1

Si tu crois en
MOI, crois aussi en toi.
Ne SUIS-JE pas en toi ? Ne
Mets pas de distance entre toi,
MOI et tes Protecteurs. Ainsi,
Nous ne Sommes qu'UN et
Tu permets au réalisable
De devenir ta réalité.

Nous
Cherchons à Te
Rencontrer, alors que
TU Es là, à l'intérieur de
Nous. Nous Te mettons à part,
Alors que TU Es partout en tout et en
Tous. Nous Définissons ton amour, alors
Qu'Il est sans limites et sans condition. Nous
Ne voulons pas Te voir dans celui qui n'est
Pas comme nous, alors que TU Es
Présent en lui également et que
TU l'Aimes tout
Autant.

TOUT PRÉVU

Nous Te demandons tout, alors que TU n'Envisages pas de nous mettre à l'écart. Au contraire, TU nous Demandes de tout Faire avec TOI et avec Tous.

Nous Te supplions de t'occuper de nous, alors que TU as tout Prévu et ne Cesses de veiller sur nous.

Nous attendons tout de TOI, alors que c'est TOI qui nous Attends.

Nous espérons que TU Es à notre écoute, alors que TU Tentes en permanence de nous Parler afin de rétablir Notre Union Originelle.

Nous cherchons à Te rencontrer, alors que TU Es là, à l'intérieur de Nous.

Nous Te mettons à part, alors que TU Es partout en tout et en Tous.

Nous définissons Ton Amour, alors qu'Il est sans limites et sans condition.

Nous ne voulons pas Te voir dans celui qui n'est pas comme nous, alors que TU Es Présent en lui également et que TU l'Aimes tout autant.

JE ne
Fais rien sans ton
Assentiment et tu ne fais
Rien sans Mon Conseil. Ensemble
Nous Composons les plus belles mélodies
Et tu apprécies comme il est doux de tout
Partager avec MOI. Mon Amour ne se
Limite pas à quelques privilégiés. Il est
Disposé à vous combler Tous. As-tu
Envie de ce Bien-Être sans faille,
Fruit de Notre Union Sacrée ?
C'est à toi de décider.
JE t'Attends ...

JE T'ATTENDS

Souhaites-tu te réconcilier avec toi-même afin de t'accepter et de t'Aimer comme tu es ?

Désires-tu apprendre à t'Aimer comme JE t'Aime, sans exigence et sans reproche ?

Pour cela, ne regarde que le meilleur de toi-même. Contemple les aspects de toi qui reflètent ta divinité.

La seule façon de ne plus être débordé par les valeurs sombres est de ne donner Vie qu'aux valeurs Lumineuses. Mon JE SUIS en toi te les révèle si tu deviens attentif à Ses sources d'Inspiration.

Mets-toi à l'écoute de cette Voix douce et sage qui te parle intérieurement. C'est Mon JE SUIS près de toi et Prêt à te souffler Mes Guidances.

Inlassablement, JE te Propose de prendre les Clés que JE te Tends. Elles vont t'aider à ouvrir dans ta demeure des accès de circulation encore fermés.

Ainsi, chaque instant de ta vie devient l'Instant unique qui t'offre l'opportunité d'explorer la Force de Ma Tendresse et de bénéficier de Ma Bienveillance.

JE ne Fais rien sans ton assentiment et tu ne fais rien sans Mon Conseil. Ensemble Nous Composons les plus belles mélodies et tu apprécies comme il est doux de tout partager avec MOI.

Mon Amour ne se limite pas à quelques privilégiés. Il est disposé à vous combler Tous.

As-tu envie de ce Bien-Être sans faille, Fruit de Notre Union Sacrée ?

Aspires-tu à être Amoureux de Mon Amour et à Me chuchoter : “Je T'Aime Ô Bien-Aimé Suprême et j'aime tout ce que Nous Réussissons Ensemble”.

C'est à toi de décider. JE t'Attends ...

Si tu Me
Laisses Intervenir dans
Ta vie et Me la confies, JE
Mets chaque pièce du puzzle de
Ta vie à sa place au Bon Moment. JE
Réponds à tes demandes, même à celles
Qui te semblent sans importance, à l'Heure
Juste et avec Juste Mesure. Tu t'émerveilles
De constater combien ce que tu croyais
Difficile est facilité et comment
L'inespéré peut devenir ta
Réalité quotidienne.

JE TE DEMANDE

Tu peux tout faire par toi-même puisque JE t'ai Fait libre mais, sans Mon Soutien, tu vas au devant de complications et de déceptions à cause de tes exigences et de tes impatiences. Tu en veux trop ou pas assez.

Si tu Me laisses Intervenir dans ta vie et Me la confies, JE Mets chaque pièce du puzzle de ta vie à sa place au Bon Moment.

JE Réponds à tes demandes, même à celles qui te semblent sans importance, à l'Heure Juste et avec Juste Mesure.

Tu ne connais plus les voies sans issue qui réveillaient des sentiments d'abandon ou d'absurdité.

Tu t'émerveilles de constater combien ce que tu croyais difficile est facilité et comment l'inespéré peut devenir ta réalité quotidienne.

JE te Demande simplement de Me faire entièrement Confiance et de savoir apprécier Mes Dons avec ton Coeur.

JE te Prie d'avoir la patience d'attendre Mes Choix et Mes Opportunités : quand, comment, où et avec qui. Ainsi JE t'Assure un parcours plus facile et tu ne t'engouffres plus dans des itinéraires tortueux.

Mon Esprit ne te déçoit jamais.

Mon Amour ne te fait aucun faux bond.

Tu vis les miracles quotidiens, des plus petites attentions aux plus grandes transformations de ta vie.

Tu vas d'étonnements en surprises, découvrant qu'Ensemble il n'y a plus d'impossible.

Désires-tu
Être Mon co-Équipier
pour Atteindre ta destination divine :
Être co-Créateur ? Fais-MOI Confiance
Comme JE te Fais Confiance. JE Compte
Sur toi, tu peux compter sur MOI. Nous
Travaillons Ensemble lorsque ton exemple
Vivant transmet les dons de Mon Amour
Et les souplesses de Ma Joie. Alors, ta
Vie devient une démonstration
Vivante de la permanence
De l'Infiniment
Abondant.

ÊTRE CO-CRÉATEUR

Lorsque tu décides de faire ta route en compagnie de Mon Amour, tu prends en main les bonnes clés.

Tu n'as plus rien à craindre ni à t'inquiéter de quoique ce soit. Ses Protections t'Enveloppent.

L'Amour est le passe-partout qui peut ouvrir toutes les portes. Il les ouvre en douceur.

En accueillant l'Amour, tu Le réceptionnes et Le rayonnes. Ainsi tu Lui donnes Vie.

Désires-tu être Mon co-Équipier pour atteindre ta destination divine : être co-Créateur ?

Fais-MOI Confiance comme JE te Fais Confiance. JE Compte sur toi, tu peux compter sur MOI.

Nous Travaillons Ensemble lorsque ton exemple vivant transmet les dons de Mon Amour et les souplesses de Ma Joie.

Alors, ta vie devient une démonstration vivante de la permanence de l'Infiniment Abondant.

Tes erreurs accumulées sont nombreuses et tu as beaucoup à faire pour t'en dégager.

Ne te décourage pas. Tu n'es jamais seul.

JE SUIS toujours avec toi puisque JE SUIS en toi. Et Mes Envoyés, les Êtres de Lumière qui t'accompagnent, mettent en place, à l'Heure précise, Mes Bienveillances.

Vous êtes de plus en plus nombreux à vous mettre au service de l'Amour en Le mettant simplement en Service dans votre quotidien.

Cette Heure bénie vient de sonner : le Temps des rires remplace progressivement le temps des pleurs.

Ta souplesse
Est le Sceau de ton
Aboutissement. Ta Joie est
Le Chant de Nos Retrouvailles.
Ton seul credo : "tu crois en MOI" te
Suffit. Tu sais en Conscience que rien ne
Peut te manquer ni t'effrayer puisque JE
SUIS en toi et que tu es en MOI. Tu
Me laisses Faire et JE ne Fais rien
Sans toi. Notre Union est une
Union d'Amour librement
Consentie et partagée.

TON SEUL CREDO

Dans l'Union de Notre Unité enfin retrouvée au cours des chemins de toutes tes expérimentations, tu te déploies maintenant à ta véritable Dimension, la Dimension que JE t'ai Donnée au Commencement.

Tu deviens un Être divin à Mon Image et à Ma Ressemblance, conscient de Mon Omniprésence et respectueux de Mon Amour.

Tes yeux voient. Tes oreilles entendent. Ton esprit comprend. Ton Coeur s'ouvre. Ton Âme te parle et tes mains donnent.

Comme l'ensemble de la Création, tu deviens sans inquiétude pour tes lendemains.

Tu acceptes avec Confiance tout ce que la Vie te présente. Ainsi tu peux apprécier pleinement la saveur de l'instant présent.

Ta souplesse est le Sceau de ton aboutissement.

Ta Joie est le Chant de Nos Retrouvailles.

Ton seul credo : "tu crois en MOI" te suffit et te satisfait. Tu sais en Conscience que rien ne peut te manquer ni t'effrayer puisque JE SUIS en toi et que tu es en MOI.

Tu Me laisses Faire et JE ne Fais rien sans toi.

Notre Union est une Union d'Amour librement consentie et partagée.

Voilà la seule Condition que l'Amour sans condition nécessite pour exister.

Je Suis là
À tes côtés, avec toi,
Disposé à guider tes pas si tu
Fais Confiance à mes Prévenances.
Je te comble jusque dans les moindres
Détails si tu me le demandes et tant que
Tes demandes ne vont pas à l'encontre des
Prévisions des Plans Supérieurs. Mais Je
Ne peux te choyer pleinement tant que
Ton plus grand désir n'a pas rejoint
Celui de ton Âme : Servir le Plan
D'Amour comme Nous
Le Servons.

Je Suis ton Ange Gardien, ton Meilleur Ami, toujours avec toi et à ton écoute.

Et comme un Ami Bienveillant, Je Veille à ce que tu ne manques de rien.

Je te connais bien mieux que tu ne te connais. Aussi J'évalue tous tes besoins bien au-delà de ce que tu peux concevoir pour toi avec ta conscience humaine.

Je Suis là à tes côtés, avec toi, disposé à guider tes pas si tu fais Confiance à mes Prévenances.

Je te comble jusque dans les moindres détails si tu me le demandes et tant que tes demandes ne vont pas à l'encontre des Prévisions des Plans Supérieurs.

Je peux beaucoup et progressivement Je te donne tout ce qu'il m'est permis de te donner.

Mais Je ne peux te choyer pleinement tant que ton plus grand désir n'a pas rejoint celui de ton Âme : Servir le Plan d'Amour comme Nous le Servons pour le Bénéfice de Tous et du Tout.

Ne Suis-Je pas ton Meilleur Ami ?

T'ai-Je fait faux bond chaque fois que tu croyais être dans une voie sans issue et que tu Nous appelais à ton secours ?

Lorsque tu M'acceptes comme un Véritable Ami, tu facilites ta route et Mon Travail : t'approvisionner à mesure et avec précision des situations idéales et des Êtres utiles à ton évolution.

Peu à peu,
Pas à pas, apprends à
Tout Faire avec MOI. Pour cela,
Établis avec l'Ange qui sommeille en
Toi un dialogue permanent. Il te parle en
Mon Nom. Tu peux tout Lui confier. Cet
Ange intérieur, c'est ta Dimension angélique,
La partie divine de ton Être : ton Soi. En
L'interrogeant, c'est Ma Sagesse que tu
Interroges. Elle Répond toujours
D'une façon ou d'une autre à
Tes interrogations et à
Tes attentes.

Peu à peu, pas à pas, apprends à tout Faire avec MOI. Pour cela, établis avec l'Ange qui sommeille en toi un dialogue permanent. Il te parle en Mon Nom. Tu peux tout Lui confier.

Cet Ange intérieur, c'est ta Dimension angélique, la partie divine de ton Être : ton Soi divin.

En l'interrogeant, c'est Ma Sagesse que tu interroges. Elle Répond toujours d'une façon ou d'une autre à tes interrogations et à tes attentes.

Si tu cherches Mon Esprit et Mon Amour, tu Les trouves toujours présents en Chacun et dans chaque situation de vie.

Tu peux Me demander directement, ou par l'intermédiaire de Ceux qui te Guident, d'Intervenir dans tes décisions et dans tes entreprises.

Nous Saurons t'Inspirer les orientations Justes, celles de Ma Volonté débordant d'un Amour Bienveillant pour Chacun de vous.

Oui ! JE ne Suis ni vengeur, ni inaccessible.

JE SUIS Tout pour vous Tous. JE SUIS votre Bien-Aimé Suprême, disposé à vous Abreuver des Joies de l'Amour si vous Les appréciez et Les sollicitez.

Ne laisse pas ces formidables Vérités dormir tels des livres dans une bibliothèque. Mets-Les en application. Elles sont adaptées à la vie pratique.

La Confiance de tes confidences rétablit Notre Alliance et, grâce à cette Union retrouvée, tu connectes Mes Inspirations.

Elles facilitent autant le bon déroulement de ta vie au quotidien que celui de ta Mission de Vie.

Comme Je
Crois En TOI, Ô mon
Bien-Aimé, Je crois en Ton
Amour Tout Puissant. Il a tout
Créé, tout Prévu et nous Donne Tout.
Comme je crois en TOI, je crois en moi.
Je sais que Notre Union est Sacrée. Elle
Est la Source de la conquête de tous mes
Possibles : mes transformations, mes
Expansions, mes inspirations et mes
Talents.Voilà Nos Merveilleux
Acquis. Sans TOI et sans
Moi, ils ne seraient.

JE CROIS EN MOI

Comme Je crois en TOI, Ô mon Bien-Aimé, je crois en Ton Amour Tout Puissant. Il a tout Créé, tout Prévu et nous Donne tout.

Je crois à sa Force d'Attendrissement.

Elle guérit Chacun patiemment de tous les écarts que Tu lui permets d'expérimenter.

Je crois en Ta Sagesse Toute Bienveillante.

Elle Prévoit et Répond à nos besoins. Elle met tout en place, au bon moment.

Je crois à la richesse de nos différents chemins.

Aucun n'est inutile et aucun ne se perd. Malgré leurs différences, un jour, ils croisent l'Un des Tiens et convergent alors vers Ta Source.

Je crois au Pouvoir Absolu de l'Esprit présent en Tout et en Tous.

Il régit le bon déroulement de l'ensemble des programmes de la Vie. Il est à la disposition de nos esprits pour leur inspirer le déploiement harmonieux de nos séquences de vie.

Je crois au Rayonnement de l'Intelligence.

Elle Inclut en toute situation une Juste Raison.

Elle a Conçu nos intelligences à sa Ressemblance, nous faisant créateurs de ce que nous concevons et responsables de ce que nous attirons à nous.

Comme je crois en TOI, je crois en moi.

Je sais que Notre Union est Sacrée. Elle est la Source de la conquête de tous mes possibles : mes transformations, mes expansions, mes inspirations et mes talents. Voilà Nos merveilleux Acquis.

Sans Toi et sans moi, ils ne seraient.

Chercher à
Dialoguer directement avec
MOI sans aucun intermédiaire,
Pour recevoir de multiples façons Mes
Guidances, n'est pas une faveur réservée
À quelques "Élus", comme vous l'ont fait
Croire les dogmes exclusifs des pouvoirs
Religieux. Aujourd'hui, ce privilège
Est accessible à la Conscience de
Tous ceux qui recherchent Ma
Présence dans l'intimité
De leur Cœur.

La Valeur des Dons que JE t'Offre dépend du respect que tu leur accordes.

Comme tu ne confierais pas une pièce rare en porcelaine fine à quelqu'Un aux manières brusques qui risquerait de l'endommager, JE ne peux te Léguer avant ton Heure les Meilleurs Morceaux de ton Héritage.

Chacun est Mon Héritier à part égale. Vous êtes Tous conçus pour bénéficier des Créations heureuses de l'Amour. Pas un de vous ne sera lésé. Il n'y aura aucun déshérité. Ce n'est qu'une question de temps.

Chaque Âme est libre d'ignorer ou de reconnaître la Beauté de Mes Vérités et la Bonté de Mon Amour.

Son choix a seulement une incidence sur la vitesse de son Évolution : il la ralentit ou l'accélère.

Lorsque vous ne respectez pas Mes Lois, vos comportements, alors irrespectueux, ne "M'offensent" nullement mais vous privent du Nectar de Ma Source.

Chercher à dialoguer directement avec MOI sans aucun intermédiaire, pour recevoir de multiples façons Mes Guidances, n'est pas une faveur réservée à quelques "Élus", comme vous l'ont fait croire les dogmes exclusifs des pouvoirs religieux.

Aujourd'hui, ce privilège est accessible à la Conscience de tous ceux qui recherchent Ma Présence dans l'intimité de leur Cœur. Abandonnez vos scrupules. Ils vous alourdissent et paralysent votre envol.

Chacun a la possibilité d'établir en soi une Ligne directe avec MOI pour recevoir Mes Conseils, Mes Réconforts, Mes Joies, Mes Inspirations ...

Voilà la Clé de voûte de votre Bel Héritage. Elle soutient Nos Espérances les plus audacieuses.

Le temps
Passé à essayer de Me
Rejoindre par la quête d'un état
Méditatif n'est jamais du temps perdu,
Même si tu crois à tes débuts perdre ton
Temps, ayant l'impression que tes essais ne
Sont pas transformés. Ils le deviennent chaque
Jour davantage, si assidûment, tu t'assoies
Avant d'entrer dans la dynamique de tes
Occupations. Peu à peu ton corps et ton
Esprit apprennent à se détendre, à
Se calmer et à rassembler
Leurs énergies.

NOUS RÉ-UNIR

Les instants où tu supposes être seul te séparent de l'Unité du Tout.

Tu crées toi-même le sentiment d'être séparé. Si tu persistes à avancer sur cette voie à contre sens, tu vas te croire abandonné.

Voilà la cause de bien de tes problèmes.

Mais ce sont de faux problèmes, fabriqués de toute pièce dans ton alambic cérébral. Seul, tu ne l'es jamais. Ne l'oublie pas.

JE SUIS en permanence avec toi Installé dans la pièce la plus accueillante de ta demeure : ton Cœur.

JE t'Attends chez toi mais c'est à toi de venir à MOI et de Nous“ ré-Unir ”.

Le temps passé à essayer de Me rejoindre par la quête d'un état méditatif n'est jamais du temps perdu, même si tu crois à tes débuts perdre ton temps, ayant l'impression que tes essais ne sont pas transformés.

Ils le deviennent chaque jour davantage, si assidûment, tu t'assoies avant d'entrer dans la dynamique de tes occupations.

Peu à peu ton corps et ton esprit apprennent à se détendre, à se calmer et à rassembler leurs énergies.

Tu savoures cet état de concentration. Il te libère des mouvances de ton émotionnel et de ton mental. Et tu accèdes progressivement à l'ouverture des Connexions subtiles de Mon JE SUIS.

Ce sont les expressions joyeuses de ton Cœur : ses enthousiasmes, ses intuitions, ses confiances et ses générosités. Même si Autrui n'apprécie pas toujours les élans joyeux de ton Cœur, ne les réprime pas.

Ils déploient tes Dimensions angéliques.

Le récepteur
Radiophonique qu'est
Ton cerveau a besoin de ton
Écoute intérieure attentive pour
Réussir à capter sur des fréquences moins
Fréquentées des stations plus subtiles. Et si tu
Tendais de plus en plus souvent l'oreille vers
Cette petite voix intérieure ? Discrètement,
Elle te susurre un autre point de vue que
Tu admets pourtant spontanément
Être plein de Sagesse.

TERRIBLE FORCE

Lorsque tu te sens motivé à démarrer une nouvelle activité ou à adopter un nouveau comportement que tu sais être bon pour toi, ne dis plus : "Je vais le faire", mais fais-le sans rien dire.

N'en parle pas, surtout pas à ton entourage proche qui risquerait d'ébranler la fragilité de tes bonnes intentions.

Ne te contente pas de la satisfaction illusoire que crée déjà en toi la seule idée de réaliser ton projet. Un projet n'est pas plus qu'une allumette servant à transmettre une flamme.

S'il ne t'embrase pas d'un feu intérieur capable de brûler toutes tes retenues, il n'a pas rempli son rôle : te donner la dynamique nécessaire pour passer à l'action.

Tes projets se consument-t-ils aussi inutilement qu'une allumette n'ayant pas transmis son feu ?

Aies conscience qu'en toi, comme en Chacun, siège une terrible force : la force d'inertie qu'oppose ton ego satisfait de lui. À elle seule, elle peut contrer les potentialités de toutes tes forces.

L'ego n'aime pas les efforts et invente toujours d'excellents prétextes pour différer tous les passages à l'acte de nouvelles initiatives qui bousculeraient sa paresse intrinsèque.

Ses argumentations, tu les connais bien.

Tu leur accordes souvent du crédit lorsque tu entretiens des pensées conservatrices : "Pourquoi devrais-je m'obliger à ... et me différencier de ... ? Pourquoi remettrais-je en question mes habitudes ? Après tout, elles ne me réussissent pas si mal".

Les exemples de ces séduisantes passivités ne manquent pas et tu les côtoies souvent. C'est le "petit moi" de l'ego qui en est l'instigateur.

Tant que tu t'identifies à ton ego, tu n'écoutes que lui et lui obéis aveuglement. Ainsi, il fait de toi tout ce qu'il veut.

Tu crois être le maître chez toi alors que c'est lui le maître. Il détient les commandes de tes réactions.

Ne le laisse pas occuper en permanence l'antenne de ton mental. Il n'y a pas que le "moi-je" qui a l'exclusivité de la parole.

Le récepteur radiophonique qu'est ton cerveau a besoin de ton écoute intérieure attentive pour réussir à capter sur des fréquences moins fréquentées des stations plus subtiles.

Et si tu tendais de plus en plus souvent l'oreille vers cette petite voix intérieure ? Discrètement, elle te susurre un autre point de vue que tu admets pourtant spontanément être plein de Sagesse.

C'est l'angle de vue à trois cent soixante degrés de Mon JE SUIS en toi et en Chacun.

Il s'exprime au travers des élans de ton Cœur, des inspirations de ton intuition et des ajustements de ton bon sens.

Écoute cette Voix. Elle te met à Mon écoute et JE t'Apprends à t'écouter.

2

Nous sommes si
Intimes que J'Ai autant
Besoin de toi que tu as besoin
De MOI. Veux-tu être Ma Main
Aimante ? Tu sentiras les Caresses
De Mon Amour. Tes douceurs
Transmettent Ma Douceur.
Tes tendresses expriment
Ma Tendresse.

Lorsque
Tu contactes ton Âme
Par ton inclinaison aimante
Pour Notre Union, progressivement
Tu rejoins, caché en tes profondeurs, le
Joyau sans prix qu'est son Calme naturel.
Voilà le Trésor divin que J'ai Déposé en toi.
JE ne te l'Offre pas "de force". Tu dois te
L'offrir toi-même en te donnant les moyens
De Le retrouver afin de L'utiliser pour
Ton Mieux-être. Ainsi, aucun courant
Ni aucun vent ne peut faire
Chavirer l'embarcation
De tes émotions.

Toutes les Âmes sont reliées par la similitude de leurs vibrations à l'Infiniment Parfait de l'Âme Universelle qui Orchestre sereinement l'infini du Monde.

Aussi, l'inhérence intime de chaque Âme est sérénité. Spontanément, elle appréhende le déploiement de toutes choses dans l'Acceptation confiante.

Lorsque tu contactes ton Âme par ton inclinaison aimante pour Notre Union, progressivement tu rejoins, caché en tes profondeurs, le Joyau sans prix qu'est son Calme naturel.

Voilà le Trésor divin que J'ai Déposé en toi. JE ne te l'Offre pas "de force". Tu dois te l'offrir toi-même en te donnant les moyens de Le retrouver afin de L'utiliser pour ton Mieux-être.

Ainsi, aucun courant ni aucun vent ne peut faire chavirer l'embarcation de tes émotions.

Elles ne sont plus dans une barque fragile soumise aux agitations de surface, mais dans un sous-marin naviguant en eaux profondes là où les fluctuations météorologiques ne peuvent l'atteindre.

Quelle victoire sur toi-même de savoir plonger à volonté dans les profondeurs de ta Sérénité et de ne plus être concerné par les perturbations extérieures qui restent en surface !

Permets-toi
De t'Aimer comme tu te
Perçois, avec un regard sur toi
Partial et indulgent, pour t'apprécier
À ta véritable Valeur. Ainsi, tu pourras
Aimer Chacun avec un regard qui sourit
Autant à ses qualités qu'à ses faiblesses,
Autant à son Meilleur qu'à ses zones
D'ombre. Pour cela, trouve en toi le
Bon équilibre entre t'accorder trop
De concessions et te faire
Trop de reproches.

Permets-toi de t'Aimer comme tu te perç
un regard sur toi partial et indulgent, pour t'ap
ta véritable Valeur.

Ainsi, tu pourras Aimer Chacun avec un regard qui sourit autant à ses qualités qu'à ses faiblesses, autant à son Meilleur qu'à ses zones d'ombre.

Pour cela, trouve en toi le bon équilibre entre t'accorder trop de concessions et te faire trop de reproches.

L'excès d'indulgence à ton égard oriente le champ de perception de ta lucidité uniquement vers l'extérieur.

Tu vois la moindre paille dans l'œil d'Autrui et le rends seul responsable des tribulations qu'ensemble vous traversez. Cela t'empêche de comprendre pourquoi tu en es arrivé là et comment tu es en grande partie l'auteur souterrain de ce qui “surgit”.

L'excès de reproches alourdit le passif déjà trop pesant de toutes les sanctions que tu as reçues. Ils te retiennent au stade d'un enfant pris en faute qui “mérite une punition”.

Les reproches nourrissent la culpabilisation et la dévalorisation. Ils continuent encore de frapper à coups de pioche dans l'édifice que tu apprends à construire : ta propre estime de toi.

Tous les jugements que tu portes sur l'Autre prolongent les critiques que tu évites de te retourner et que tu t'empresses de détourner vers l'extérieur.

Toutes les punitions que tu reçois d'Autrui ou lui adresses correspondent aux punitions que tu as reçues et dont tu n'as pas guéri les séquelles.

Tu vois qu'en apprenant à t'Aimer, tu apprends à Aimer tes proches et progressivement le monde entier.

L'Amour
Transmet à ton Cœur
Sa Douceur, sa Paix et sa Joie.
En ouvrant régulièrement ton Cœur
À Mes doses bienfaisantes d'Amour, tu
Le régénères d'une Force tendre et subtile
Qui l'attendrit et l'élargit. Ton Cœur,
En osmose avec Mon Soleil, devient lui
Aussi soleil. Il intensifie sa chaleur et
Son rayonnement. Ta compagnie
Devient de plus en plus agréable
Puisqu'elle est de plus en
Plus joyeuse.

Ce qui est en bas est comme ce qui est en Haut. Cela est vrai à tous les niveaux et sur tous les plans.

Ainsi, plus vous établissez, entre vous Mes protégés et MOI votre Guide Suprême, une relation d'Amour intense comme celle de deux amants complices, plus vous accédez à de belles qualités d'amour dans vos relations.

Notre Intimité Aimante et Confiante dans l'invisible favorise l'attirance dans le visible de belles rencontres amicales et amoureuses.

Ton Cœur dilate ses capacités d'Amour dès qu'il entre en contact avec le Soleil de l'Amour.

L'Amour lui Transmet sa Douceur, sa Paix, sa Joie et sa Tendresse.

En ouvrant largement et régulièrement ton Cœur à Mes doses bienfaisantes d'Amour, tu le régénères d'une Force tendre et subtile qui l'attendrit et l'élargit.

Ton Cœur, en osmose avec Mon Soleil, devient lui aussi soleil. Il intensifie sa chaleur et son rayonnement.

Ta compagnie devient de plus en plus agréable et recherchée puisqu'elle est de plus en plus épanouissante et joyeuse.

En te donnant à MOI, ton Bien-Aimé, comme à un être aimé, sans calcul ni retenue, tu Me permets de te Donner beaucoup.

Ayant ainsi tant reçu, tu peux tant donner à ton tour sans avoir à te forcer. Tu sais que par voie de conséquence tu as enclenché le processus de l'Abondance.

Plus tu donnes, plus tu reçois. Voilà comment réussir de superbes ascensions vers des Sommets Immaculés où se purifie l'air de ta liberté et où s'agrandit le panorama de tes compréhensions.

Parmi toutes
Tes voix intérieures, se
Cache une Autre Voix qui ne
Cherche pas à couvrir les autres.
C'est la plus discrète, celle de Mon JE
SUIS en Chacun. C'est la Voix de l'Ange
Qui sommeille en toi et s'étire de temps à autre
Pour t'inciter à l'éveiller. Elle réclame tes
Attentions. Entraîne-toi à La réceptionner.
Tu La reconnais à la qualité de ses
Suggestions qui se démarquent
Nettement des pressions de
Nature égotique des
Autres voix.

UNE AUTRE VOIX

Écoute à l'intérieur de toi toutes les voix qui te parlent. Elles t'inspirent des idées qui ne sont pas forcément "bonnes".

Tu entends les conseils ou les doléances de nombreux personnages qui désirent te faire jouer leur rôle : soumis ou despote, victime ou bourreau, conformiste ou revendicateur, mendiant ou mécène ...

Ne prends pas au pied de la lettre toutes leurs sollicitations. Fais le tri. Chacun défend ses propres intérêts mais il n'est pas de ton intérêt d'être manipulé par leurs exigences.

Cependant, sois à l'écoute de ces voix disparates. Elles jouent un rôle commun : te renseigner sur les fragilités qui retardent l'éveil de potentialités insoupçonnées.

Et parmi toutes ces voix, se cache une Autre Voix qui ne cherche pas à couvrir les autres. C'est la plus discrète, celle de Mon JE SUIS en Chacun.

C'est la Voix de l'Ange qui sommeille en toi et s'étire de temps à autre pour t'inciter à l'éveiller.

Elle réclame tes attentions. Entraîne-toi à La réceptionner. Tu La reconnais à la qualité de ses suggestions qui se démarquent nettement des pressions de nature égotique des autres voix.

Tu ne peux pas la confondre. Elle parle avec la Sagesse de l'Esprit et la Tolérance de l'Amour.

En échange des habitudes égocentriques qui te limitent, elle te suggère d'innover avec de l'attentionné.

En réponse aux critiques qui t'enferrent, elle t'insuffle de tout apprécier avec souplesse. En face des passivités confortables qui te paralysent, elle t'engage à entreprendre avec dynamisme et dans l'enthousiasme.

Écouter ta voix sage, c'est te mettre à l'écoute de ton Soi. Il Sait ce qui est bon pour toi.

Dans la
Pleine lumière du
Quotidien, JE vous Appelle
À Me révéler au grand jour. Dans
Le Meilleur émergeant de Chacun, JE
Dévoile progressivement tous les visages
De Mes Vertus. Au travers de toutes vos
Façons d'Aimer, JE vous Invite à M'Aimer
Et à vous Aimer, autant les Uns les Autres
Que vous-même, sans aucune préférence.
Dans les imprévus arrivant à point et
Les événements s'enchaînant si bien,
JE vous Enseigne à reconnaître
Les Bienveillances de
Mon Doigt.

Dans la pénombre des lieux Sacrés, l'Ambition de Mon Plan n'y est pas complètement représenté.

À l'abri de ces lieux protégés, vous ne pouvez explorer pleinement la Puissance de Mes Lois. Vous êtes maintenu à l'écart du réel de la vie concrète. Vos compréhensions ne sont pas assez solides si vous ne traversez pas avec succès les intempéries de la vie.

Dans la pleine lumière du quotidien, JE vous Appelle à Me révéler au grand jour.

Dans le Meilleur émergeant de Chacun, JE Dévoile progressivement tous les visages de Mes Vertus.

Au travers de toutes vos façons d'Aimer, JE vous Invite à M'Aimer et à vous Aimer, autant les Uns les Autres que vous-même, sans aucune préférence.

Dans les imprévus arrivant à point et les événements s'enchaînant si bien, JE vous Enseigne à reconnaître les Bienveillances de Mon Doigt.

Par l'écoute de vos intuitions, JE vous Convie à rejoindre votre Âme afin que Mon Esprit souffle dans vos esprits. Il va renverser des cloisons anciennes et percer des accès nouveaux.

Dans le lieu Sacré de votre Cœur, JE vous Propose d'y consacrer votre Temple intérieur. Il offre le meilleur accueil à Ma Présence.

Dans l'Harmonie de vos Âmes, JE vous Intègre à l'Unité de la Vie, cette Vie qui Jaillit en Abondance aux couleurs des saisons et au rythme des mélodies d'oiseaux.

Avec la Plénitude de vos Soi, JE vous Incite à donner Vie aux paroles, les Paroles sacrées de Mes Lois parfaites, afin de Vivre en union avec l'Amour.

En faisant
Le choix de te relier au
Plan de ton Âme, tu relies
Ta conscience inférieure, celle de
L'ego, à la Sphère Cosmique en résonance
Avec ta Conscience supérieure et la Famille
Spirituelle d'où tu viens. Alors s'établit une
Meilleure communication entre Nos deux
Mondes. Tu sais que Nos Interventions
Facilitent la réalisation de ton
Programme d'Évolution.

SUGGESTION SUBTILE

Pour te révéler le But d'incarnation de ton Âme, ta Conscience supérieure t'envoie au moment opportun les informations t'indiquant le bon déroulement de tes étapes de vie.

Si tu lui accordes ta Confiance en décidant de relier la compréhension de ton esprit à son Intelligence, tu éclaires tes décisions de son Savoir. Ainsi, tu crées les conditions favorables à la réception de ses instructions.

Elles te sont alors transmises de multiples façons selon tes dispositions personnelles : grâce à l'opportunité d'une rencontre, au travers d'un message précis que tu entends à l'intérieur de toi ou par l'intermédiaire d'une intuition qui te pousse à agir sans réfléchir.

Tu réponds alors à une Suggestion subtile dont la seule certitude est une conviction intérieure inexplicable.

En faisant le choix de te relier au plan de ton Âme, tu relies ta conscience inférieure, celle de l'ego, à la Sphère Cosmique en résonance avec ta Conscience supérieure et la Famille spirituelle d'où tu viens.

Alors s'établit une meilleure communication entre Nos deux Mondes.

Tu ne Nous mets plus à l'écart de tes occupations et de tes ambitions mais sollicites au contraire Nos Aides et Nos Interventions. Tu sais en conscience qu'Elles facilitent la réalisation de ton programme d'Évolution.

En te sentant relié, tu avances sereinement sur ton chemin sans aucune inquiétude. Tu sais en confiance qu'à mesure Nous te Dévoilons les directions à prendre, les destinations à atteindre, les Êtres à rencontrer et même ceux à éviter ...

La Part de MOI,
Mon JE SUIS en Chacun,
Vous Incite à ouvrir vos esprits
Pour élargir vos compréhensions. Elle
Dilate vos Cœurs pour affiner vos générosités.
Elle Éveille vos intuitions pour étendre vos
Perceptions. Elle Nourrit vos inspirations
Pour éblouir vos créations. Elle vous
Convie à rechercher Notre Réunion
Afin d'Œuvrer dans le Sens
De la co-Opération.

QUELLE PART ?

En Chacun de vous sont présentes une Part de MOI et une part de vous. Elles Apprennent progressivement, au travers des multiples ajustements que propose chaque vie incarnée, à se respecter jusqu'à co-Habiter harmonieusement Ensemble.

La part de vous croit se suffire à elle-même et tend à prendre toute la place et à se mettre au centre de vos petits mondes. Elle se fait prétention mentale vous aveuglant de l'assurance de ses croyances égoïstes.

Elle est ce laisser-aller à la facilité qui retarde vos mutations et ralentit votre progression.

La Part de MOI, Mon JE SUIS en Chacun, vous Incite à ouvrir vos esprits pour élargir vos compréhensions. Elle Dilate vos Cœurs pour affiner vos générosités. Elle Éveille vos intuitions pour étendre vos perceptions. Elle Nourrit vos inspirations pour éblouir vos créations. Elle vous Convie à rechercher Notre Réunion afin d'Œuvrer dans le sens de la co-Opération.

Quelle part de MOI ou de toi as-tu la plus éveillée ? M'as-tu complètement enfoui dans les oubliettes creusées par la suprématie toute puissante de ton ego ?

Ou, à l'inverse, es-tu avide de l'ivresse spirituelle procurée par la sollicitation abusive des Énergies Célestes jusqu'à perdre le sens des réalités matérielles ?

Ces deux attitudes extrêmes sont au delà du Juste milieu où se situe toujours l'Harmonieux.

La Part de MOI n'a pas à étouffer la part de toi. Elle respecte ton unicité et ton libre arbitre. Comme JE n'ai pas à prendre toute la place, n'en abuse pas pour M'oublier. Tu oublierais ta propre grandeur.

En tous domaines, le bon Équilibre est Vérité.

Nous vous
Aimons tellement que
Nous Veillons sur vous sans
Que vous ayez à Nous le demander.
Nous sommes avec vous afin de parvenir à
Élever le plus bas au plus Haut et rassembler
Le plus éloigné avec le plus près. N'oubliez
Pas vos Origines divines. Il est temps de
Vous réveiller de votre somnolence et de
Vous éveiller à votre Luminiscence.
Nous vous Attendons pour co-
Laborer avec vous.

NOUS, LES ANGES

Nous, les Anges de la Lumière, les Bienheureux Messagers des Grâces et des Joies Divines, Nous vous Demandons à vous les Humains de prendre conscience que Nos Interventions sur le plan terrestre signent Notre Destinée Commune de co-Opérer Ensemble.

Nous Attendons vos appels. Nos possibilités d'action ne se manifestent pas uniquement au cours des rendez-vous déterminants de vos destinées : les rencontres et les coups de chances arrivant à point.

Nous les Anges, Nous sommes Créés pour Servir la Création avec Enthousiasme et Efficacité.

Chacun de Nous est un Rayon Divin, un Éclat de la Lumière, une Fleur de l'Amour, un Saphir de la Sagesse, une Constellation de la Joie.

Chacun de Nous est autant maître des Qualités qu'il Sert que serviteur des Qualités qu'il Maîtrise.

Mais Nous ne saurions Nous satisfaire de Les Rayonner seulement dans Nos Sphères. Elles n'ont pas de travail à y faire.

Comme vous avez besoin de Nos Aides, Nous avons besoin de vos accomplissements pour incarner les Qualités que Nous vous Transmettons et pour les dispenser à votre tour dans le plan de la matière.

Nous vous Aimons tellement que Nous Veillons sur vous sans que vous ayez à Nous le demander. Nous sommes avec vous afin de parvenir à élever le plus bas au plus Haut et rassembler le plus éloigné avec le plus près.

N'oubliez pas vos origines divines. Il est temps de vous réveiller de votre somnolence et de vous éveiller à votre Luminiscence.

Nous vous Attendons pour co-Laborer avec vous.

Lorsque l'Un
D'entre vous devient un
Être Accompli et bascule dans la
Lumière, Nous sommes tous là, réunis à
Cet Instant sacré, les Frères de Lumière et
Ceux de l'ombre, puisque Chacun a Œuvré
À sa place à la réussite de votre Réalisation.
Votre Ascension Nous entraîne dans son
Sillage de Lumière et Nous Montons
Tous d'un étage. Comme Nous vous
Invitons à vous élever, invitez-
Nous à changer d'étage
Avec vous.

Nous, les Anges de l'ombre, Nous Œuvrons également pour le Bien de l'Humanité.

Nous Obéissons à notre Prince qui lui aussi se réfère à la régence du Grand Gouverneur de ce Monde. À l'heure prévue par la Hiérarchie, Nous intervenons, avec autant d'application et d'exactitude que nos Confrères de la Lumière, pour causer les problèmes et les difficultés que vous connaissez bien : dispute, rupture, trahison, violence, accident ...

Nous besognons dans les ténèbres et Nous sommes préposés à pénétrer vos nappes souterraines, là où fermentent vos marécages. Nous ne vous apprenons pas à les assainir mais au contraire, Nous vous incitons à produire déchets sur déchets.

Leurs odeurs nauséabondes parviennent jusqu'à l'étage où s'est installé votre Conscience. Selon la hauteur de son niveau, votre conscience se repaît de ces grossièretés ou bien recherche tous les moyens pour recycler ces souillures gênantes en vue de les épurer.

Lorsque l'Un d'entre vous devient un Être Accompli et bascule dans la Lumière, Nous sommes tous là, réunis à cet Instant sacré, les Frères de Lumière et Ceux de l'ombre, puisque Chacun a Œuvré à sa place à la réussite de votre Réalisation.

Votre Ascension Nous entraîne dans son sillage de Lumière et Nous Montons Tous d'un étage.

Nous, les Anges de l'ombre, Nous contribuons activement à réveiller vos forces vives pour transmuter vos défaites en victoires et vos hontes en gloires.

Comme Nous vous invitons à vous élever, invitez-Nous à changer d'étage avec vous.

Attendris
Ton Cœur avant que
La souffrance ne le broie. Fais-
Toi humble avant d'être mis à nu.
Découvre tes véritables richesses avant
D'être dépouillé de possessions illusoires. Fais
Le choix de l'Harmonie avant que le trop plein
De disharmonies t'emporte dans ses torrents
Tumultueux. Installe-La en toi en mettant
De l'ordre dans ta demeure intérieure.
Qui d'autre que toi peut le faire
Pour toi, si ce n'est toi ?

JE ne Souhaite nullement vous voir revenir vers MOI, votre Source, à genoux Me suppliant d'avoir pitié de vous. N'attendez-pas, pour Me rejoindre, que les secousses du rappel à l'Ordre ébranlent les forteresses de vos incroyances et écroulent les murs de vos égoïsmes.

Sortez de votre léthargie spirituelle avant que tout craque pour renverser les trônes de pacotille qu'ont érigé vos "beaux" ego.

Éveillez-vous à votre véritable Dimension avant que votre Mère la Terre vous signale par ses tressaillements combien vous la faites souffrir. Si votre entêtement perdure, elle va vous rappeler durement que vous ne l'avez pas respectée, pas plus que vous ne vous respectez.

Attendris ton Cœur avant que la souffrance ne le broie. Fais-toi humble avant d'être mis à nu. Découvre tes véritables richesses avant d'être dépouillé de possessions illusoires.

Fais le choix de l'Harmonie avant que le trop plein de disharmonies t'emporte dans ses torrents tumultueux. Installe-La en toi en mettant de l'ordre dans ta demeure intérieure. Qui d'autre que toi peut le faire pour toi, si ce n'est toi ?

Entendez Nos Appels. Nous vous Aidons à sortir du sommeil de votre obscurantisme. Ne Nous obligez pas à vous secouer vivement comme vous devez le faire avec un enfant paresseux qui tarde à s'éveiller.

La Terre et vous-mêmes vous acheminez vers des Transformations extraordinaires. Ne compliquez pas votre re-Naissance en rendant cet accouchement douloureux à cause de vos résistances et de vos obstinations.

Le Meilleur
Éclairage sur toi est Mon
JE SUIS en toi, ce Soi divin. Ses
Faisceaux lumineux se Manifestent
Dès l'instant où tu les sollicites, au travers
Des inspirations impérieuses de ton intuition.
Comme une lampe extérieure éclairant un
Chemin, la Lampe intérieure de Mon JE
SUIS Éclaire ton cheminement. Elle
Illumine tes interrogations par
L'intensité de Mes
Vérités.

L'image que tu donnes de toi n'est pas forcément représentative de ce que tu es. Elle s'est modelée aux moules des conditionnements et des acquis enregistrés le long de tes parcours, au contact des Uns et des Autres.

Tu t'es "façonné" en prenant chez Chacun un peu de ce qu'il est. Ne permets pas que ces emprunts deviennent des empreintes indélébiles. Tu resterais "fait de bric et de broc ".

Veux-tu être ton meilleur ami et ton seul maître ?

Pour être en accord avec toi, accorde-toi le droit de devenir simplement toi-même. Tu dois d'abord entreprendre des fouilles approfondies sur ta personnalité afin d'être à même de trier ce qui chez toi ne t'appartient pas et ne te correspond pas.

Tes vécus et tes croyances sont les fondations qui t'ont fait tel que tu es aujourd'hui. Pars les explorer en compagnie d'une source de lumière clairvoyante. Elle te permet d'y voir "plus clair" dans les dédales occultes des profondeurs de ta psychologie.

Le Meilleur Éclairage sur toi est Mon JE SUIS en toi, ce Soi divin. Ses Faisceaux Lumineux se Manifestent dès l'instant où tu les sollicites, au travers des inspirations impérieuses de ton intuition.

Comme une lampe extérieure éclairant un chemin, la Lampe intérieure de Mon JE SUIS Éclaire ton Cheminement. Elle illumine tes interrogations par l'intensité de Mes Vérités.

Ma Source de Lumière va te conduire directement aux points névralgiques de tes disharmonies et aux lieux d'occlusion que constituent les nœuds serrés par tes mémoires émotionnelles éprouvantes.

Ces nœuds obstruent certains circuits de tes réseaux subtils et étranglent ainsi l'harmonieuse circulation de tes énergies.

Mon JE SUIS ne t'évite aucune déviation. Il te ramène toujours au même problème intérieur qui t'attire de façon répétitive le même problème extérieur jusqu'à t'inciter à éclaircir cette énigme.

Sans le regard lucide de Mon JE SUIS sur toi-même, tu formules tes interrogations dans le sens inverse et tu te demandes : "Pourquoi cela m'arrive-t-il ?".

Cherche plutôt : "Pourquoi cela n'arrive pas à d'Autres ? Qu'est-ce qu'ils ont que je n'ai pas ou qu'ils n'ont pas que j'ai ?".

Ferme les yeux critiques tournés vers l'extérieur et sollicite l'éclairage de la Lampe de Mon JE SUIS.

Il ouvre l'œil intérieur de la clairvoyance.

En posant avec sincérité une question, tu obtiens avec certitude Ma Réponse Lumineuse.

Étape par étape, tu es conduit au cœur de tes nœuds afin de les desserrer puis de les dénouer complètement et définitivement.

Ainsi, une à une, s'allument dans ta conscience les Lumières de Mes Solutions adaptées à tes interrogations. Et l'une après l'autre, scintillent les facettes de ton diamant qui sont encore dans l'ombre.

3

Sois créateur de
Ta destinée. Conçois le
Meilleur. Envisage sa venue.
Pense que cela est possible et cela
Le sera. Tes pensées constructives
Sont de beaux cadeaux à faire.
Utilise-les au service du
Beau et du Bien.

En Me réservant
Une pièce intime dans la
Demeure de ton Cœur, JE peux
Vivre plus intimement avec toi. JE Suis
Le Compagnon le plus agréable, toujours
Disposé à te surprendre agréablement. Très
Vite, tu apprécies Notre co-Habitation.
JE n'envahis jamais ta maison. Au
Contraire, JE t'Apprends à
Trouver ta place et
À la prendre.

N'entreprends jamais rien par obligation. Ce qui est fait par contrainte devient contraignant.

Ose dire non à ce qui te déplaît. Ainsi tu sauras engager de vrais oui à ce qui te correspond et te plaît.

Les oui venant du Cœur ajoutent en tout la dimension de facilité que transmet ta participation consentante et aimante.

Prends du recul face aux tracasseries de ton quotidien. Tu peux Me les soumettre. JE Simplifis ta vie.

En Me réservant une pièce intime dans la demeure de ton Cœur, JE peux Vivre plus intimement avec toi.

JE Suis le Compagnon le plus plaisant, toujours disposé à te surprendre agréablement. Très vite, tu apprécies Notre co-Habitation.

JE n'envahis jamais ta maison. Au contraire, JE t'Apprends à trouver ta place et à la prendre.

Tu peux tout Me confier et tout Me demander.

Tu peux envisager de "tout Faire" avec MOI. JE Suis le plus sûr Conseiller et le meilleur Collaborateur.

Ne Suis-JE pas Celui qui te Connait le mieux, Celui qui t'Aime le plus, Celui qui t'a toujours Aimé et ne cessera jamais de t'Aimer ?

JE t'Espère Libre, libre d'accueillir Mon Amour avec Amour pour Lui donner Vie.

JE te Désire Joyeux, joyeux de participer à l'Orchestration harmonieuse de l'Univers.

JE t'ai Réservé une place, ta place, au registre qui est le tien. J'Attends que tu viennes la rejoindre pour y chanter à pleine voix ta propre voix.

Mes Lois
Sont Parfaites. Elles n'ont
Pas prévu que tu sois dénudé.
Si ta vie n'est pas aussi satisfaisante
Que tu l'espères, c'est inutile de te plaindre.
Tu te trompes encore de camp et cela ne
T'attire toujours pas Mon Abondance.
Si tel est ton cas, penche-toi sur toi-
Même et cherche ce qui en toi crée
Un barrage au Flux Naturel
De Mes Bienveillances.

CHOISIR TON CAMP

La liberté que JE te Donne ne peut pas te laisser neutre et irresponsable.

Selon que tu vis dans le respect des Lois d'Amour qui portent l'Univers ou que tu Les contraries, tu es soit créateur, soit destructeur.

JE te laisse libre de choisir ton camp.

Si ta vie ne se déroule pas dans le sens de l'Expansion, tu n'as certainement pas dû faire les bons choix au moment où tu aurais pu les faire.

Mes Lois sont Parfaites. Elles n'ont pas prévu que tu sois dénudé.

Si ta vie n'est pas aussi satisfaisante que tu l'espères, c'est inutile de te plaindre. Tu te trompes encore de camp et cela ne t'attire toujours pas Mon Abondance.

Si tel est ton cas, penche-toi sur toi-même et cherche ce qui en toi crée un barrage au Flux naturel de Mes Bienveillances.

N'es-tu pas en train de tout organiser à ton idée et ainsi d'entraver Mes Interventions ? Tes inquiétudes obstruent l'entrée réservée à Mes Imprévus.

N'es-tu pas en train de nager à contre-courant au lieu de te laisser emporter vers tes destinations ?

N'es-tu pas toujours enclin à douter de tout et encore plus de toi, au lieu d'avoir Confiance et de croire en ta réussite ?

Es-tu décidé à ne plus subir les inconvénients du camp de l'isolement mais à choisir celui qui détient tous les avantages : le camp de la co-Opération ?

Pour cela, prévois chaque jour, dans le programme chargé de tes activités, un espace de temps où tu Me rejoins. Ainsi, tu te relies à ta Dimension divine : ton Soi.

En étant
Attentif au moindre
De Mes Signes, tu ne cherches
Plus à forcer ce que JE Ralentis ni
À freiner ce que J'Accélère. Tu sais que
JE Sais ce qui est Bon pour toi et pour Tous.
Tu acceptes que ta volonté puisse se tromper
Et non La Mienne. Cette pensée ne soulève
En toi aucune révolte. Au contraire, elle
Intensifie le désir de ton Âme de
M'accueillir encore plus
Dans ton esprit.

TU SAIS QUE JE SAIS

Lorsque dans ta vie tu t'aperçois que tout se met en place naturellement, même les plus petits détails du quotidien, tu peux être assuré que tes désirs rejoignent désormais Mes Vœux pour toi.

Mes Projets et tes espérances deviennent enfin Nos Réalisations communes.

Tu pressens ce que J'Attends de toi et tu le désires ardemment. De nouveau Nous coopérons Ensemble dès l'instant où tu cesses de Me mettre à l'écart et permets que Mes Lois orchestrent ta vie.

Réjouis-toi. Tu reçois de multiples Attentions. Ce sont Nos Témoignages d'Amour en réponse à tes Lâcher-prises, à tes Services et à tes Ajustements.

Tu Me fais Confiance et te laisses Guider. Alors, de nouveau Nous pouvons Marcher Ensemble sur les lignes droites de Mes Chemins.

Ainsi tu ne connais plus les pertes de temps par les détours que tu faisais lorsque seul tu avançais sur les voies des pulsions impérieuses de ton ego.

En étant attentif au moindre de Mes Signes, tu ne cherches plus à forcer ce que JE Ralentis ni à freiner ce que J'Accélère.

Tu sais que JE Sais ce qui est Bon pour toi et pour Tous. Tu acceptes que ta volonté puisse se tromper et non La Mienne.

Cette pensée ne soulève en toi aucune révolte. Au contraire, elle intensifie le désir de ton Âme de M'accueillir davantage encore dans ton esprit.

Ainsi tes décisions sur tous les plans reçoivent la Lumière des Inspirations de Mon JE SUIS et les opportunités de ses Guidances.

*Les acquis de
Vos compréhensions sont
Les fondations sur lesquelles
Se bâtissent pierre après pierre vos
Demeures Célestes. Mon Inspiration
En Chacun Guide vos pas vers la sortie
Qui vous libère du labyrinthe dans lequel
Vos choix "à l'envers" vous font tourner en
Rond. Vie après vie, vous découvrez la Force
Créatrice qui est en vous et vous apparente
À MOI. Vous L'utilisez au mieux et au
Service du Meilleur dès que vous
L'appréciez à sa juste
Valeur.*

JE vous ai Accordé un droit que JE ne Me suis pas Accordé : celui de choisir entre le Bien et le mal.

Si vous le désirez, vous pouvez même trouver du plaisir à faire du mal en attendant de connaître l'infini Bonheur de pratiquer le Bien, le Bon et le Beau.

Vous vous faites autant de mal que vous en avez fait. Nous Attendons patiemment que vous le compreniez à votre détriment lorsqu'il se retourne contre vous.

Nous vous Laissons faire toutes vos expériences afin de tester les mécanismes des Lois de l'Univers.

C'est la seule méthode efficace pour Les comprendre vraiment et Les apprécier pleinement, c'est à dire, par vous-mêmes.

Après avoir éprouvé les répercussions de vos actions sur le terrain d'expérimentation de vos vécus, vous êtes à même de découvrir les causes de leurs effets.

Voilà le prix de la Liberté que JE vous Donne.

Lorsque JE Sais l'Un d'entre vous prêt à voir autrement, JE Mets tout en œuvre pour Éclairer l'exploration souterraine de ses fondations afin qu'il les consolide, les restaure et les reconstruise si nécessaire.

Les acquis de vos compréhensions sont ces fondations sur lesquelles se bâtissent pierre après pierre vos Demeures Célestes.

Mon Inspiration en Chacun Guide vos pas vers la sortie qui vous libère du labyrinthe dans lequel vos choix "à l'envers" vous font tourner en rond.

Vie après vie, vous découvrez la Force créatrice qui est en vous et vous apparente à MOI.

Vous L'utilisez au mieux et au Service du Meilleur dès que vous L'appréciez à sa juste Valeur.

Si tu crois
En MOI, tu peux croire
En Toi puisque toi et MOI ne
Faisons qu'UN. Si tu Nous sépares,
Tu te prives de Mes Attentions. JE te
Demande seulement d'ouvrir ton Cœur
Et ton esprit pour t'ouvrir à l'accueil de
Mes Forces Bienfaisantes. Ta Foi est
L'aimant qui attire Mes Bienveillances.
Sans la Foi, tu n'attires rien à toi et
Tu as tout à faire par toi-même.
C'est ainsi que naissent les
Complications.

TA FOI EST L'AIMANT

Cesse de Me supplier, d'implorer Ma Pitié et de te croire "pauvre pécheur". Tant que tu Me crois "Seul sur un Trône" avec des Pouvoirs incommensurables et inaccessibles, tu t'empêches de Les acquérir et de partager les Richesses de Mon Trésor.

Cesse de te séparer de Ma Source. Tu t'éloignes de Mon Amour. J'Attends de te démontrer combien la Vie devient merveilleuse avec la mise en circulation des Valeurs d'Harmonisation de l'Amour.

JE t'ai Donné presque autant de pouvoirs que J'En Ai. Si tu te permets d'y croire, tu leur permets alors d'entrer en action pour Magnifier ta vie.

JE n'Ai pas besoin d'être flatté pour Accorder Mes Dons. J'Ai simplement besoin que tu embellisses la qualité de tes pensées.

Comme les autres facettes de ton Être, tes modes de penser ont besoin d'évoluer vers plus de confiance et d'optimisme. Tu es tout à fait "digne" de bénéficier de Mon Amour ici et maintenant.

Si tu crois en MOI, tu peux croire en toi puisque toi et MOI ne faisons qu'UN. Si tu Nous sépares, tu te prives de Mes Attentions. JE te Demande seulement d'ouvrir ton Cœur et ton esprit pour t'ouvrir à l'accueil de Mes Forces bienfaisantes.

Ta Foi est l'aimant qui attire Mes Bienveillances.

Sans la Foi, tu n'attires rien à toi et tu as tout à faire par toi-même. C'est ainsi que naissent les complications dans ton quotidien.

Tu vois, c'est simple. JE te Demande simplement de croire au Merveilleux Pouvoir de l'Amour.

Il transforme ta vie dès que tu Lui souris.

En n'écoutant
Pas les appels de ton Âme,
Tu interdis à ta plus belle dimension,
Ta dimension spirituelle, de s'exprimer.
Alors tu ne vis pas pleinement et te contentes
De profiter égoïstement. Ainsi sommeille en
Toi le Serviteur divin. Cet Être essentiel
Attend que tu éloignes les nuages
Qui obscurcissent le ciel de
Ton Authenticité.

Derrière les nuages, il y a toujours le soleil. Les nuages ne font que passer. Le soleil est immuable et généreux, il assure toute vie.

En toi aussi, il y a un ciel, avec un soleil et des nuages. Mon JE SUIS en toi est ce Soleil Rayonnant de Lumière, de Chaleur et de Joie.

Tes inquiétudes, tes peurs, tes attentes, tes exigences, tes révoltes et tes obsessions sont les nuages du mental et de l'émotionnel qui te cachent ton Soleil.

En ne traversant pas cette couche de nuages que toi-même accumules, tu ne peux soupçonner Ma Présence.

En ne dispersant pas ces nuages, tu te prives de la généreuse Chaleur de l'Amour.

Tu vis alors une vie à laquelle tu n'as pas accordé son véritable Sens. Tu passes le temps. Tu satisfais tes besoins physiques, matériels et affectifs mais tu t'isoles de l'Essentiel : ton Soi divin, ce MOI en toi.

En n'écoutant pas les appels de ton Âme, tu interdis à ta plus belle dimension, ta dimension spirituelle, de s'exprimer. Alors tu ne vis pas pleinement et te contentes de profiter égoïstement.

Ainsi sommeille en toi le Serviteur divin qui peut être pionnier, aventurier, savant, artiste, thérapeute ...

Cet Être essentiel attend que tu éloignes les nuages qui obscurcissent le ciel de ton Authenticité.

C'est au contact des rayons chauds du soleil de ton Âme qu'il se réveille et te révèle le Meilleur de toi.

Tes façons de
Penser ne sont pas neutres.
Elles sont à Ma Ressemblance,
Créatrices. À toi de décider dans quel
Sens tu veux les orienter : à contre-courant
Ou dans le sens de l'Expansion, en opposition
Ou en collaboration avec Mes Valeurs ? En
Faisant le choix de l'Expansif, tu verras
En toutes saisons et en tous lieux éclore
Les Fleurs et mûrir les Fruits de
L'Amour reconnu Vivant
Et Triomphant.

DANS QUEL SENS ?

Pourquoi te complais-tu tellement à envisager des conditions qui ne font pas partie de Mon Plan ?

Pourquoi projettes-tu que cela “ne marchera pas” ou que tu n’y arriveras pas ? Pourquoi penses-tu que c’est trop beau pour être vrai ou pour durer et que les miracles n’arrivent qu’aux autres ?

Pourquoi persistes-tu à créer ce que JE n’ai pas Créé : l’échec, l’insatisfaction, la peur, l’isolement ?

Ces concepts, qui dans un premier temps traversent seulement tes pensées, finissent par se concrétiser dans ta vie si tu les accueilles favorablement.

Ne leur permets pas de s’installer dans tes profondeurs inconscientes comme des croyances incontournables. Ces idées d’échec sont très éloignées de la Vérité, si éloignées qu’elles se trouvent à l’opposé de ce que la Création a prévu.

Ton coeur et ton Âme étant plus proches de MOI voient et ressentent Autrement. Ils espèrent toujours ce que ta tête pense “raisonnablement” impossible.

Ils t’incitent à rêver. Mais ton mental se méfie des rêves et te fait croire que les rêves, par définition, sont utopiques. À force de le croire, tu bloques la mise en Action spontanée des Lois d’Abondance.

Tes façons de penser ne sont pas neutres. Elles sont à Ma Ressemblance, créatrices.

À toi de décider dans quel sens tu veux les orienter : à contre-courant ou dans le sens de l’Expansion, en opposition ou en collaboration avec Mes Valeurs ?

En faisant le choix de l’Expansif, tu verras en toutes saisons et en tous lieux éclore les Fleurs et mûrir les Fruits de l’Amour reconnu Vivant et Triomphant.

Parce qu'il y
A, enfouis au fond de toi,
Des reproches qui continuent
À fermenter, tu te refuses l'Accès
Au Merveilleux estimant que tu n'en
Es pas digne. Tant que tu ne te réconcilies
Pas avec toi-même, tu ne peux t'enrichir
Des leçons acquises au travers de tes
Expérimentations. Tu te limites
À ce que toi seul estimes
Avoir droit.

C'est inutile de Me demander de te "pardonner".

Sois rassuré. Quoique tu aies fait. C'est déjà fait !

Mon Amour t'Accorde toute son Indulgence. En M'implorant de prendre pitié de toi, tu perpétues le concept erroné du Dieu vengeur, prêt à sanctionner.

Sincèrement crois-tu que J'Ai besoin de tes supplications pour Comprendre tes égarements et Alléger leurs conséquences ?

Ne Me fais pas à ton image mais ajuste-toi à Ma Ressemblance. Et comme "JE t'ai Pardonné" puisque JE Comprends tout, pardonne-toi tout ce qui soulève en toi des regrets. Quand tu sens que tu aurais pu mieux faire, dis-toi : " Je me pardonne comme TU nous Pardonnes, Ô Bien-Aimé et j'apprends à m'Aimer comme TU Aimes Chacun avec Estime et Tendresse ".

Ainsi, tu n'emmagasines plus au fond de toi de la culpabilité qui ronge ton intériorité et entretient dans ta vie des comportements punitifs.

Tu te libères de l'enchaînement du passé et ne t'infliges pas une sanction "purificatrice".

Parce qu'il y a, enfouis au fond de toi, des reproches qui continuent à fermenter, tu te refuses l'Accès au Merveilleux, estimant que tu n'en es pas digne.

Tant que tu ne te réconcilies pas avec toi-même, tu ne peux t'enrichir des leçons acquises au travers de tes expérimentations. Tu te limites à ce que toi seul estimes avoir droit.

En te concédant un pardon total, tu te dégages de l'attitude de l'enfant "à punir". Tu t'accordes l'autorisation d'être approvisionné par les Largesses de l'Amour afin que ta vie s'articule harmonieusement.

Tu as, à
Ta disposition, les
Semences des plantes qui
Constituent le jardin de ta vie.
Tu es le semeur et le jardinier. Tu
Récoltes ce que tu as semé et laissé grandir.
Et si tu défrichais ce que tu ne désires
Plus voir pousser ? Et si tu semais ce
Que tu souhaites récolter ? Et si
Tu étais ce que tu aimes
Voir prospérer ?

SEMEUR ET JARDINIER

Si tu désires récolter les bienfaits de Mes Lois qui te proposent inlassablement de te Combler, c'est simple. Pour Leur permettre d'Agir, Aime-Les et Respecte-Les.

En Les Aimant et Les Respectant, Elles se Mettent au Service de ton bien-être.

Tes attirances étant soumises à la Loi de similitude, tout ce qui va vers toi vient de toi. Ton environnement est le miroir de ton intériorité. Il te reflète et te prolonge, répondant à ce que tu es.

Voilà comment ta vie peut rester en friche. Si tu n'entretiens pas ton jardin intérieur, il est envahi par les broussailles. Si tu négliges de labourer ton terrain et de semer les graines de tes souhaits, tu ne vois jamais fleurir leurs réalisations.

Les envahisseurs ne manquent pas : les "ça ira comme ça ... ce n'est pas si mal ... cela pourrait être pire ".

Les doutes de toi et de tout ne permettent à rien de bon de croître. Les peurs sont des plantes rampantes qui se ramifient très vite. Elles envahissent l'espace que tu leur accordes et ainsi les jeunes pousses délicates de tes rêves trop timides sont étouffées.

Tu as, à ta disposition, les semences des plantes qui constituent le jardin de ta vie. Tu es le semeur et le jardinier. Tu récoltes ce que tu as semé et laissé grandir.

Et si tu défrichais ce que tu ne désires plus voir pousser ? Et si tu semais ce que tu souhaites récolter ?

Et si tu étais ce que tu aimes voir prospérer ?

Désires-tu vivre dans la Joie, être Aimé, attirer l'Abondance et être Heureux ? Sois toi-même joyeux, aimant, abondant et heureux. Tu as la chance d'être toi, avec toutes tes possibilités.

Pour que
Coule en toi l'eau vive
Des pensées positives, joue avec
Les mots positifs. Ils concrétisent les
Projections que tu as sur ta vie. Amuse-toi
À faire rimer les mots qui font du bien. Ces
Mots détiennent les formules de la bonne
Santé de ta destinée. Ils réussissent à
L'influencer favorablement si tu
Utilises le pouvoir suggestif
De leurs répétitions.

B O N À C R O I R E

Comme il est souhaitable pour garder ton corps en bonne santé de lui donner de bons aliments, il est tout autant souhaitable de n'alimenter ton esprit qu'avec de bonnes pensées.

Pour que coule en toi l'eau vive des pensées positives, joue avec les mots positifs. Ils concrétisent les projections que tu as sur ta vie.

Amuse-toi à faire rimer les mots qui font du bien. Ces mots détiennent les formules de la bonne santé de ta destinée. Ils réussissent à l'influencer favorablement si tu utilises le pouvoir suggestif de leurs répétitions.

De la répétition va naître la persuasion et de la persuasion, l'intégration. Au cours de la journée, pendant les moments d'inoccupation, fais danser dans ton esprit les formules vitamines pour ton Bien-Vivre :

" Fais le point pour être à point ".

" Les bons mots guérissent de tous les maux ".

" Les mots conquêtes préparent tes recettes ".

" Les maldonnes s'abandonnent ".

" Aime bien ce qui fait du bien ".

" À la bonne heure vient ton bonheur ".

" Hier t'a nourri pour que tu souris aujourd'hui ".

" Sois serein pour demain ".

" Tout ce qui Vient est bien ".

" Mets-toi sous le toit de la Foi ".

" Nous t'Apportons chaque jour des Preuves de Notre Amour ".

" Tends-Nous la main, Nous t'Entraînerons sur ton Chemin ".

À ton tour d'inventer ce qui, pour toi, est bon à croire pour devenir bon à vivre.

Écoute les
Messages transmis par
Ces expressions "toutes faites"
Qui vous façonnent depuis que
Vous les entendez. Constate combien
De pensées à l'envers vous imprègnent
Ainsi insidieusement. Toutes ces phrases
"Mal faites", défais-les pour les remettre
Dans le sens de la marche, le sens
Unique de l'Expansion. Refuse,
À tout jamais, tous
Leurs "jamais".

Afin que Mes Lois d'Abondance "fonctionnent à Plein" et qu'ainsi tu ne manques de rien, il est nécessaire que tu fasses du ménage dans ta tête.

Écoute les messages transmis par ces expressions "toutes faites" qui vous façonnent depuis que vous les entendez. Constate combien de pensées à l'envers vous imprègnent ainsi insidieusement.

Toutes ces phrases "mal faites", défais-les pour les remettre dans le sens de la marche, le sens unique de l'Expansion.

Refuse, à tout jamais, tous leurs "jamais". N'enregistre pas leurs affirmations restrictives en les répétant machinalement sans réfléchir à leurs portées.

La répétition crée dans la zone d'absorption de ton inconscient une programmation, celle de la croyance que tu lui inculques.

Ne répète plus, par exemple, sans réfléchir : "Il ne faut pas demander l'impossible" ou bien "les bonnes choses ont une fin "...

Mais ose te dire ce qui réussira à t'en convaincre : "Ce qui est bon pour moi n'a pas de fin puisque je ne prends pas en compte cette éventualité ".

Ne te conditionne plus en décrétant : "Ce n'est pas pour moi ... Je ne pense pas que j'y arriverai " ...

Comment espères-tu "y arriver" si tu n'envisages pas cette possibilité ?

Refuse catégoriquement d'accorder du crédit à la moindre pensée d'échec. Chasse de ton esprit les doutes, abandonne les négations et dis adieu aux frustrations.

Ne retiens aucune limitation. Le moindre intérêt que tu lui accordes lui octroie le pouvoir de te limiter.

Les seules conditions qui mettent en marche le processus d'Abondance sont de définir clairement ton objectif et de Croire sincèrement à sa concrétisation.

Tu espères "la bonne Heure" de ton Bonheur. Sois persuadé qu'un jour elle sonnera quoi qu'il arrive, même si elle n'arrive pas aussi vite que tu le voudrais ni comme tu l'imaginais.

Pour faciliter cette arrivée, ne te contente pas de Nous envoyer tes demandes et d'attendre. Affirme ton désir par tous les moyens possibles.

Visualise-le, écris-le, peints-le, chante-le ...

Toutes ces expressions inscrivent le résultat de tes affirmations : leur réalité "déjà là".

Ainsi tu donnes une forme à tes pensées. Elles deviennent alors des formes-pensées. Ce sont de véritables matrices qui enfantent ton projet sur le plan subtil des idées. Ensuite, il peut s'incarner sur le plan concret de la matière.

Tout commence et s'inscrit dans le monde invisible. Le monde visible n'en est que la conséquence.

Tu peux oser Nous demander un "mouton à cinq pattes". Si tu es patient et persévérant, tu obtiendras, en te mettant à l'écoute de Nos Inspirations, un mouton à six pattes ...

4

À Ma Ressemblance,
Tu es l'auteur responsable
Des conséquences engendrées
Par tes pensées, tes dires et tes
Actes. Cesse d'être générateur de
Disharmonies. Deviens co-Créateur
De Bonheurs et de Joies afin
De répandre Ma Lumière
Partout où tu passes.

Les compromis
Compromettent la Puissance
D'Action des valeurs positives de
L'Amour. Envoyer de la Lumière dans
Tes comportements seulement de temps à
Autre ne leur permet pas d'être pleinement
Lumineux. Tu les assombris à mesure que tu
Commençais à les éclairer. Tu essaies puis tu
Ne poursuis pas. Tu fais un pas en avant et
Tu t'arrêtes. Sans choisir une direction,
Tu fais "du sur place" et cela ne
Te mène nulle part.

DE QUEL CÔTÉ ?

Tu ne peux faire partie à la fois de l'ancien et du nouveau comme tu ne peux être à deux endroits ou faire deux activités en même temps.

Il est temps de prendre une décision claire et de choisir de quel côté tu préfères te situer.

Tu ne peux être pour la Lumière et pour l'ombre, pour l'Unité et la séparativité, pour la Vérité et pour l'hypocrisie.

Penser réussir à faire cohabiter les antagonismes des forces contraires que sont les valeurs expansives opposées à celles qui sont limitatives est aussi fou que vouloir mélanger l'huile avec l'eau.

Les compromis compromettent la Puissance d'Action des valeurs positives de l'Amour. Envoyer de la Lumière dans tes comportements seulement de temps à autre ne leur permet pas d'être pleinement lumineux. Tu les assombris à mesure que tu commençais à les éclairer.

Tu essaies puis tu ne poursuis pas. Tu fais un pas en avant et tu t'arrêtes. Sans choisir une direction, tu fais "du sur place " et cela ne te mène nulle part.

Tu ne peux rester à califourchon entre le passé et le nouveau, c'est une position inconfortable. T'obstiner à la conserver finirait par te désarçonner et te faire tomber "comme d'habitude" du côté le plus séduisant : celui qui ne remet rien en question.

La force de ton manque de détermination estomperait les promesses de tes "belles" prises de Conscience.

Vas-tu rester encore longtemps parmi les indécis ?

Nous Appelons toutes les Âmes courageuses pour labourer la Nouvelle Terre et l'ensemencer de graines d'Amour. Veux-tu être des Nôtres ?

Pour améliorer
Ta relation avec quelqu'Un,
Adresse-lui des pensées d'Amour,
De Joie et de Paix. Elles sont captées
Par le champ vibratoire de son aura qui,
À son tour, transmet à sa psyché l'impression
Reçue dont la qualité est en étroite corrélation
Avec la qualité même de tes pensées. Ainsi,
L'appréciation plus ou moins positive que
Tu émets sur un proche est en partie
Responsable de l'aggravation ou
De l'amélioration de vos
Échanges relationnels.

Le lien d'attachement qui relie les Âmes qui s'Aiment détient une réalité subtile sur le plan de l'éther.

Les Âmes qui sont liées par un sentiment affectif sont reliées par une arche subtile qui établit entre elles une circulation d'échanges vibratoires.

Voilà comment ceux qui s'Aiment reçoivent entre eux des informations qu'ils s'envoient à leur insu par la voie directe de cette onde télépathique. Ils pensent au mêmes choses et se retrouvent au même instant et au même lieu, sans avoir besoin d'en convenir.

Ayant pris conscience de ce phénomène, tu peux maintenant l'utiliser volontairement pour améliorer ta relation avec quelqu'Un. Adresse-lui des pensées de Joie, d'Amour et de Paix.

Elles sont captées par le champ vibratoire de son aura qui, à son tour, transmet à sa psyché l'impression reçue dont la qualité est en étroite corrélation avec la qualité même de tes pensées.

Ainsi, l'appréciation plus ou moins positive que tu émets sur un proche est en grande partie responsable de l'aggravation ou de l'amélioration de vos échanges relationnels. As-tu remarqué combien tout va mieux quand toi tu vas bien ?

Tous les amoureux utilisent intuitivement cette procédure. Plus ils pensent tendrement l'Un à l'Autre, plus se renforce leur sentiment d'affection. L'Amour leur Inspire une de ses Méthodes créatrices d'Harmonie : envoyer par la pensée les énergies de l'Amour.

Pourquoi attendre les instants où tu es amoureux pour mettre en Service ce Pouvoir extraordinaire d'Harmonisation : l'envoi de pensées Aimantes ?

Tu es
Un Être de Lumière
Venu t'enrichir des acquis que
Permet l'incarnation. Aussi, ne te
Tourmente pas avec les expériences à
Première vue "malencontreuses" que la vie
T'incite à traverser. Aucun pas en avant ne
Peut être définitivement assuré sans se
Libérer de tous les faux pas que les
Manques à l'Amour enclenchent.
Les trébuchements dont tu te
Crois l'origine sont
" Planifiés ".

VÊTEMENT TROP PETIT

Tu es un Être de Lumière venu t'enrichir des acquis que permet l'incarnation. Aussi, ne te tourmente pas avec les expériences à première vue "malencontreuses" que la vie t'incite à traverser.

Aucun pas en avant ne peut être définitivement assuré sans se libérer de tous les faux pas que les manques à l'Amour enclenchent.

Les trébuchements dont tu te crois l'origine sont sciemment "planifiés". Nous les Préparons avec le même soin qu'un événement agréable.

Ta Conscience supérieure Nous les demande. Elle connait la portée initiatique des dérapages dont tu penses être responsable alors que tu es un simple acteur en cours de répétition. L'impact produit par tes répliques ne te permet-il pas d'ajuster tes intonations ?

Ne te culpabilise pas pour certains de tes vécus, mais félicite-toi au contraire de les avoir accueillis. Ils répondaient aux injonctions des Plans Supérieurs.

Ta conscience humaine a accepté d'entrer sur le terrain d'essai que propose une situation conflictuelle.

C'est la seule façon de découvrir et de comprendre l'Enseignement dont elle est porteuse.

Remercie-toi d'avoir osé déplaire, souffrir, faire souffrir, endosser des petitesses et même te "salir" afin de tenter, jusqu'à y parvenir, de te métamorphoser.

Du jour au lendemain, décide de trancher radicalement dans la chaîne de tes habitudes si tu estimes que l'une d'entre elles ne te correspond plus.

Regarde-la de loin comme ne t'appartenant plus et mets-la dès maintenant au clou du passé, tel un vêtement devenu trop petit que désormais tu ne portes plus.

Mets-toi
En Marche. Tes pas en
Avant stimulent ta dynamique
Et comme elle t'entraîne, elle Nous
Entraîne également dans ton sillage.
Nous Marchons à tes côtés pour te Guider
Vers des résolutions inattendues : les
Surprises agréables détenues dans les
Réserves de l'Univers qui Aime
Se Révéler Efficace au
Moment opportun.

Pour savoir si quelqu'Un ou quelque chose te correspond, laisse parler le temps. Ne bouscule pas les événements. Cette tentative de manipulation de ta destinée ne fait que soulever les complications.

Se met en place de soi-même uniquement ce qui te convient pour un moment donné. Cela ne signifie pas pour autant que tu dois attendre passivement la venue de ce que tu sollicites.

Au contraire, remue-toi et frappe à de nombreuses portes, sans chercher à forcer leur ouverture. Celles qui n'ont pas à s'ouvrir restent fermées. Par contre, celles qui débouchent sur un accès s'ouvrent d'elles-mêmes.

Mets-toi en marche. Tes pas en avant stimulent ta dynamique et comme elle t'entraîne, elle Nous entraîne également dans ton sillage.

Nous Marchons à tes côtés pour te Guider vers des résolutions inattendues : les surprises agréables détenues dans les Réserves de l'Univers qui Aime se Révéler Efficace au moment opportun.

Comme tu le constates, chaque fois que tu Me fais confiance, tu accueilles Mon Soutien.

Mes Envoyés qui Veillent sur Chacun de vous, sont les Agents de toutes ces opportunités heureuses que nombre d'entre vous croient encore dues au hasard.

Il n'y a pas de hasard. Chaque instant de vie comme chaque élément de la Création fait partie intégrante d'un Ensemble où tout est en interaction.

Il n'y a pas une de tes pensées, de tes expressions ou de tes actions qui ne soit neutre.

Chacune provoque le retour d'une réaction dont la nature répond à la qualité de l'action qu'elle a eue.

Les mauvais
Souvenirs, lance-les au
Vent. Le Vent emporte au loin
Les pensées douloureuses. Les doutes,
Jette-les à l'eau. L'Eau absorbe le tangage
De leurs suppositions pessimistes. Les reproches,
Mets-les au feu. Le Feu transmute leur noirceur
En Lumière et leur sécheresse en Chaleur. Les
Indigestions du passé, enfonce-les en terre.
La Terre recycle les résidus indigestes.
Elle les métamorphose en
Humus de Croissance.

RECYCLAGE SYMBOLIQUE

As-tu remarqué comme les pensées empreintes d'un ressentiment en prennent à leur aise ?

Elles envahissent ton intimité avec leurs préoccupations. Il n'y en a que pour elles et tu ne parviens pas à entamer la conversation avec des pensées plus limpides.

Pour conquérir ta liberté intérieure, ne crois pas qu'il soit favorable de refouler ces pensées opiniâtres.

Elles continuent d'arpenter ton esprit jusqu'à te faire prendre conscience que ton mental cristallise des scories non transmutées.

Afin de parvenir à te dégager d'une obsession psychologique plus facilement qu'avec ta seule volonté, tu peux utiliser l'aide des Forces naturelles.

Les pensées obsédantes, confie-les en conscience et en confiance aux quatre Éléments. Leur force de purification a le pouvoir d'alléger les densités.

Les mauvais souvenirs, lance-les au vent. Le Vent emporte au loin les pensées douloureuses.

Les doutes, jette-les à l'eau. L'Eau absorbe le tangage de leurs suppositions pessimistes.

Les reproches, mets-les au feu. Le Feu transmute leur noirceur en Lumière et leur sécheresse en Chaleur.

Les indigestions du passé, enfonce-les en terre. La Terre recycle les résidus indigestes. Elle les métamorphose en humus de Croissance.

Ce recyclage symbolique réalisé sur un plan subtil grâce à la puissance de tes pensées dirigées a une réelle portée purificatrice sur tes corps subtils.

Il fluidifie la circulation de leurs énergies et met de la Lumière là où il y avait de l'ombre.

Afin de
Ne pas dériver au
Gré des courants, à l'instar
D'un bateau louvoyant au mieux
Du vent, apprends à naviguer entre
Les repères des oui et des non que tu
T'accordes intérieurement et oses instaurer
Extérieurement avec ton entourage.
Personne d'Autre que toi n'a le
Droit de choisir pour toi tes
"Bons" et tes "mauvais "
Oui et non.

Afin de ne pas dériver au gré des courants, à l'instar d'un bateau louvoyant au mieux du vent, apprends à naviguer entre les repères des oui et des non que tu t'accordes intérieurement et oses instaurer extérieurement avec ton entourage.

Personne d'Autre que toi n'a le droit de choisir pour toi tes "bons" et tes "mauvais" oui et non.

Afin de les évaluer, fais régulièrement le point.

Demande-toi s'ils vont vraiment t'orienter vers les destinations de tes aspirations profondes.

Lorsque l'appel impérieux d'un oui séduisant emporte au loin la belle résolution de ton intention, entre sans culpabilité dans la zone de dérive de ton indécision. Tu as encore besoin d'en faire l'expérience.

Ne te reproche pas d'avoir été incapable de te dire non. Un jour, tu auras acquis assez de force pour résister sans te violenter à l'attraction des courants contraires.

Souvent tu découvres ton cap en virant de bord le sens habituel de tes oui et de tes non, en instaurant des non ou des oui là où tu t'octroyais des oui et des non, même si, pour te dire oui, tu dois dire non à l'Autre.

Nombre de oui et de non n'ont qu'un temps. Tes oui et tes non d'aujourd'hui ne sont pas ceux d'hier ni ceux de demain. Aucun n'est à proscrire ni à renier, chacun trouve sa place au moment opportun.

À qui dis-tu le plus souvent oui : aux autres ou à toi, à tes obligations ou à tes plaisirs ?

N'entretiens pas les préférences excessives. Elles déstabilisent l'équilibre de ton Authenticité. Adopte des comportements diversifiés dont la variété satisfait équitablement tes besoins de complémentarité.

Pour vivre
Pleinement ta vie, sois le
Seul décideur de tes choix de vie.
Écarte les influences de tous ceux
Qui essaient de tirer profit de toi : les
Êtres dépendants du monde visible et ceux
Du Monde invisible. Ils ne cherchent plus à
T'utiliser dès que tu t'engages à être utile
À la plus Grande et à la plus Belle des
Causes : Participer avec tous les
Êtres de Lumière à la venue
De la Nouvelle Terre.

Sans avoir acquis le sens de l'engagement, tes décisions et tes entreprises sont aussi mobiles qu'un bouchon sur l'eau flottant au gré des courants.

Elles dérivent au gré des influences extérieures.

Si tu éprouves la sensation de ne pas être là où tu aimerais être et avec l'entourage dont tu apprécierais la compagnie, c'est que tu n'es pas encore capable de définir clairement tes désirs et tes objectifs. Tu flottes sans gouvernail à la surface de ta vie.

Les mises au point que tu instaures avec toi-même ancrent de nouvelles données dans tes programmations de vie afin d'incarner leurs réalités dans ton quotidien.

Comment espères-tu vivre une vie pleine en ne la vivant qu'à moitié ?

Si tu n'es pas en accord avec ton présent, tu ne vis jamais intensément l'instant présent. Les situations que tu traverses ne peuvent pas te satisfaire puisqu'elles ne sont pas complètement tiennes et que tu ne t'y donnes pas complètement.

Aussi longtemps que tu ne définis pas avec précision tes aspirations profondes, ta vie n'a aucun repère fixe pour s'orienter vers une direction précise. De-ci delà, elle te ballotte au gré des Uns et des Autres.

Pour vivre pleinement ta vie, sois le seul décideur de tes choix de vie. Écarte les influences de tous ceux qui essaient de tirer profit de toi : les Êtres dépendants du monde visible et ceux du Monde invisible.

Ils ne cherchent plus à t'utiliser dès que tu t'engages à être utile à la plus Grande et à la plus Belle des Causes : Participer avec tous les Êtres de Lumière à la venue de la Nouvelle Terre.

C'est dans
Le pouvoir exercé par ta
Propre aura sur tous les plans,
Physique et subtils, que réside ton
Pouvoir créateur. Ce pouvoir, similaire à
Mon Pouvoir de Créateur, attire à mesure
Ce qui t'est nécessaire : les rencontres et les
Contacts répondant aux expériences que tu
As à vivre. Voilà pourquoi tu "tombes
Comme par hasard" sur la personne
Ou l'information que tu
Recherches ...

N'entretiens plus la croyance que face au verdict de la Destinée, en apparence incontournable, tu n'es que marionnette soumise à ses caprices. Vous pouvez Tous devenir créateurs de vos destinées.

Apprécie le rôle joué par la puissance vibratoire de ton rayonnement. Il transmet en permanence à la Vie toutes les informations te concernant.

Le champ d'énergie déployé par l'ensemble des informations de ton monde intérieur interpelle en permanence dans le Monde extérieur les champs d'expérimentation leur correspondant.

C'est dans le pouvoir exercé par ta propre aura sur tous les plans, physique et subtils, que réside ton pouvoir créateur.

Ce pouvoir, similaire à Mon Pouvoir de Créateur, attire à mesure ce qui t'est nécessaire : les rencontres et les contacts répondant aux expériences que tu as à vivre.

Voilà pourquoi tu "tombes comme par hasard" sur la personne ou l'information que tu recherches ...

Cette transmission vibratoire permanente fonctionne malgré toi. Ses effets ne se révèlent pas toujours favorables tant que tu n'en contrôles pas la qualité.

Affine les vibrations de ton héritage karmique par une purification de tes mémoires. Cette métamorphose permet au pouvoir d'attraction de ton rayonnement de jouer son véritable Rôle : être créateur d'Expansion.

La transmutation heureuse de tes douleurs passées modifie la qualité des messages inconscients que tes vibrations émettent et, par conséquent, la qualité des événements reçus. Tes nouveaux taux vibratoires appellent la réception de nouvelles expériences.

Tous, vous
Avez reçu les mêmes
Chances et la même liberté,
La liberté d'utiliser plus ou moins
Bien vos chances. Ainsi commence votre
Pouvoir de co-Créateur. Il vous autorise
À chaque instant à faire le choix entre
Endommager ou Améliorer, détruire
Ou Construire, souiller ou Éclairer.
Voilà votre Responsabilité:
Entraver Mon Œuvre
Ou La prolonger.

À votre plus Haut Niveau, vous êtes Tous au même niveau puisque vous êtes issus de la même Source et avez été conçu Chacun avec le même Amour.

Vous différez seulement par la vitesse à laquelle vous progressez sur le chemin du Retour. La rapidité de progression de Chacun varie selon son degré de résistance ou d'acceptation de Mes Lois.

Ces différences peuvent changer radicalement du jour au lendemain si vous décidez d'accélérer le passage des portes initiatiques jalonnant vos Parcours.

Aucune porte ne peut être évitée, mais vous avez le choix de la passer plus ou moins facilement.

Tous, vous avez reçu les mêmes chances et la même liberté, la liberté d'utiliser plus ou moins bien vos chances. Ainsi commence votre pouvoir de co-Créateur.

Il vous autorise à chaque instant à faire le choix entre endommager ou Améliorer, détruire ou Construire, souiller ou Éclairer.

Voilà votre Responsabilité : entraver Mon Œuvre ou La prolonger, vous lier aux forces destructives ou vous Associer aux Puissances de la Lumière, à la Hiérarchie des Maîtres, des Êtres Réalisés, des Archanges et des Anges qui Servent l'Amour avec la force de l'Amour.

Nous Appelons toutes les Âmes de bonne volonté à travailler à Nos côtés. Les Âmes qui ont suffisamment ouvert leur Cœur pour avoir à cœur de ne plus dévier leur trajet des Voies de Lumière.

Réveillez-vous. Le temps presse. Il n'est plus à perdre. L'inconscience des profits égoïstes des humains mettent en péril l'avenir de votre Mère la Terre et la survie de ses enfants.

Dès que
Tu sens monter en toi la
Lame de fond de l'agacement,
Appelle immédiatement Ma Sagesse
À ton secours. Ne reste pas isolé. Parle-
MOI ou adresse-toi à l'Un de "chez Nous",
Un Être rempli de Lumière et au Service
De l'Amour. Demande-Nous Notre Avis
Comme à un Ami de confiance. Ainsi,
Ton esprit se connecte à l'Esprit
Et leur Union contribue
À détendre tes états
Tensionnels.

Face à une situation qui fait monter en toi un sentiment d'irritation, ne te laisse plus emporter par des réactions pulsionnelles que tu ne contrôles pas. Très vite, tu en regrettes la précipitation.

Elles déclenchent des couacs dans le bon déroulement de tes échanges relationnels et tu rencontres bien des difficultés à réparer ce qui a été si vite endommagé.

Dès que tu sens monter en toi la lame de fond de l'agacement, appelle immédiatement Ma Sagesse à ton secours. En la sollicitant, tu La fais tienne.

Ne reste pas isolé. Parle-MOI ou adresse-toi à l'Un de "chez Nous", un Être rempli de Lumière et au Service de l'Amour.

Demande-Nous Notre Avis comme à un Ami de confiance. Ainsi, ton esprit se connecte à l'Esprit et leur Union contribue à détendre tes états tensionnels.

En pensant à Nous, tu relies instantanément les fréquences de tes pensées à Nos Pensées et par l'ouverture que ton accueil crée dans ton mental, Nous Pouvons t'insuffler Notre Sérénité.

Alors, ton esprit capte un autre registre de pensées : des pensées légères, remplies de calme et de compréhension. Voilà comment trouver la Juste Attitude, celle qui sait sourire en toutes circonstances pour être à l'aise avec Tous et ainsi Vivre au mieux chaque instant.

N'oublie pas que l'instant te reflète. Il prolonge ce que tu es et devient ce que tu en fais.

Désires-tu adopter cette agréable attitude : sourire à tout et à Tous, ce qui t'assure une vie agréable ?

Si tu souhaites
Vivement en finir avec
Le compliqué et l'insatisfaisant
Que traîne ta vie, inverse tes pensées.
Reformule-les avec des mots prenant la pente
Dans le bon sens, celui de la montée. Échange
Tous tes souhaits en demi-teinte contre des
Affirmations convaincues. Troque tes :
"J'espère"... contre des "Je suis sûr"...
Et tes "J'aimerais bien"...
Contre des "Je vais "...

MULTIPLES POUVOIRS

As-tu remarqué combien les mots ont un effet détonateur ? Pour un rien, ils mettent le feu aux poudres de vos esprits si prompts à s'enflammer.

Quand tu lances un mot de travers, comme un coup il fait crier, comme une douleur il fait pleurer.

Lance un mot à l'endroit : comme une caresse il fait sourire, comme un clown il fait rire.

Tu apprécies très vite les effets du choix de ton vocabulaire et la façon dont tu le véhicules. Autrui te retourne immanquablement ce que tu lui as envoyé.

L'impact que produisent tes mots doit te faire prendre conscience des angularités ou des rondeurs que tu transmets.

Elles reflètent tes propres angularités ou tes propres rondeurs : les duretés, les sécheresses, les petitesses ou bien les douceurs, les joies et les générosités qui t'habitent.

Les mots recèlent de multiples pouvoirs révélant et prolongeant les facettes de ta personnalité. Ils peuvent aussi bien tirer à bout portant telle une arme à feu que prendre dans les bras pour attendrir ou réconcilier.

Les mots que tu t'adresses produisent les mêmes effets sur tes programmations personnelles. Comme tu t'efforces de parler avec délicatesse à un Être sensible, sois également délicat avec toi même.

Tu es un Être sensible. Ton inconscient croit mot à mot tout ce que tu te dis. Il est comme une éponge, absorbant ce qui lui parvient sans discernement. Selon tes façons de te parler, il engrange de la dévalorisation ou de l'assurance, du doute ou de la confiance.

En face d'une nouvelle initiative à prendre, si tu projettes à l'avance : "Je ne pense pas en être capable", tu n'accordes aucune chance à tes compétences latentes de s'extérioriser.

Devant le fait à accomplir, cette pensée enregistrée devient réalité. Elle paralyse complètement tes capacités. "Tu ne penses pas, donc tu n'es pas "...

Avec la force de conviction des mots, tu programmes toi-même, à l'avance, tes réussites et tes acquis.

Si tu souhaites vivement en finir avec le médiocre, le compliqué et l'insatisfaisant que traîne ta vie, inverse tes pensées. Reformule-les avec des mots prenant la pente dans le bon sens, celui de la montée.

Échange tous tes souhaits en demi-teinte contre des affirmations convaincues.

Troque tes : "J'espère"... contre des "Je suis sûr"... et tes "J'aimerais bien"... contre des "Je vais "...

Comme ton corps doit s'entraîner pour réussir une activité sportive, ton mental a également besoin d'entraînement afin d'acquérir l'automatisme d'un nouveau parler qui affiche une nouvelle façon de penser.

Et si tu écoutais ton intuition ! Elle a certainement des idées très entraînantes à suggérer à ton mental sur la meilleure façon d'entreprendre l'Ascension des Hauts Sommets de l'Abondance.

5

Chaque jour est
Un Jour unique que
JE t'Offre, ne le gaspille
Pas. Chaque jour est un Jour
Pur que J'Inaugure, ne le pollue
Pas. Chaque jour est un Jour
Précieux que JE te Confie,
Prends-en grand soin.

Les mots
Ne sont pas neutres.
L'Énergie qu'ils accumulent
Crée, selon vos choix, des tempêtes
Ou de beaux ciels bleus. Chaque jour,
Les cieux de vos destinées se teintent des
Couleurs de vos pensées, de vos humeurs et
De vos paroles. Les nuages gris des reproches
Les assombrissent. Les rayons ensoleillés de
La Joie les bleuissent. Voilà comment la
Lumière et la chaleur du Soleil de
L'Amour parviennent plus ou
Moins facilement à se
Frayer un passage.

Tes critiques jugent et tes jugements t'isolent. Ils te séparent de la Force d'Harmonisation de l'Amour.

Alors, comment espères-tu rencontrer la Paix ?

Comment envisages-tu de L'installer en toi pour L'irradier autour de toi ?

L'Humanité a un besoin urgent de Messagers de Paix et de Pourvoyeurs d'Amour.

L'Amour ne critique pas, l'Amour ne juge pas. Il Donne et se Donne en Exemple et en Partage.

La Force de sa Tolérance et l'Arme de sa Patience réussissent jour après jour à désarmer.

Mon Amour est bien plus Puissant que toutes vos bombes. Il les désamorce. Nous vous Avons évité le pire tant de fois par Amour et avec l'Amour.

Il n'y a jamais de raisons valables justifiant les jugements. Ils ne servent qu'à renforcer les manques de compréhension. Les mots gris parlent sur un mode triste et dur. Ils ne peuvent réchauffer, réconcilier et unifier.

Seuls, les mots d'Amour le peuvent. Ils transmettent la force de son Harmonie.

Comme les pensées, les mots ne sont pas neutres.

Ils vibrent avec l'Amour, soit en dissonance, soit en résonance. L'Énergie qu'ils accumulent crée, selon vos choix, des tempêtes ou de beaux ciels bleus.

Chaque jour, les cieux de vos destinées se teintent des couleurs de vos pensées, de vos humeurs et de vos paroles. Les nuages gris des reproches les assombrissent. Les rayons ensoleillés de la Joie les bleuissent.

Voilà comment la Lumière et la chaleur du Soleil de l'Amour parviennent plus ou moins facilement à se frayer un passage en vous et entre vous.

Dans le
Livre vivant de ta vie,
"Mes Envoyés" te Présentent les
Opportunités d'inscrire un nouveau
Scénario et de découvrir ton vrai Rôle.
JE Sais exactement quelle leçon tu as à
Intégrer et jusqu'où il t'est possible d'aller.
JE ne prolonge jamais inutilement une
Situation inconfortable dès que tu as
Su la traverser avec succès en
Trouvant ton inspiration
Dans Mes Pensées
D'Amour.

Dans le quotidien de la vie, à chaque instant tu as le choix et la possibilité d'utiliser ou non le Pouvoir d'Harmonisation de l'Amour. Les opportunités de mettre en Vie sa Magie ne manquent pas.

Ne te complique pas l'existence en rendant "ce qui n'est pas facile" plus difficile qu'il n'est : en t'emmurant dans les forteresses de tes critiques, de tes exigences ou de tes résistances.

Accepte tout ce qui se présente à toi comme il se présente. Tu en comprendras soudainement le pourquoi. Mon Esprit est là pour t'Éclairer.

Chaque jour, tu as la possibilité de faire un pas en avant, si petit soit-il. Dans le livre vivant de ta vie, "Mes Envoyés" te Présentent les opportunités d'inscrire un nouveau scénario et de découvrir ton vrai Rôle.

JE Sais exactement quelle leçon tu as à intégrer et jusqu'où il t'est possible d'aller. JE ne prolonge jamais inutilement une situation inconfortable dès que tu as su la traverser avec succès en trouvant ton inspiration dans Mes Pensées d'Amour.

Mais tant que tu évites de comprendre une leçon, celle-ci te sera à nouveau présentée avec un effet qui s'amplifie proportionnellement à tes oppositions.

JE te Demande de toujours voir le Meilleur en toi et en Chacun pour Lui donner Vie où que tu sois et avec qui que tu sois.

Ainsi ta vie va s'articuler en souplesse avec les Valeurs Lumineuses de l'Amour.

Attends-toi à ressentir très prochainement les félicités que leurs Rayons Chaleureux ont le pouvoir d'éveiller.

Si tu
Me demandes de te
Guider, tu lies Notre Alliance
Et JE t'Assure les Complaisances
De Ma Présence. Si tu Me fais part de
Tes préoccupations, JE les Adoucis et JE
T'Aide à les résoudre. Si tu Me confies le
Gouvernail de ta vie, bien des écueils te
Sont évités. Lorsque tu perçois chaque
Jour Mes Preuves d'Amour en Les
Appréciant pleinement, tu Me
Donnes la preuve de ton
Amour pour Mon
Amour.

DONNER DU PLAISIR

Lorsque tu réalises combien JE Réponds à toutes tes demandes, jusqu'aux plus petites et aux plus matérielles, tu découvres alors Mes Témoignages d'Amour.

Même lorsque tu ne Me demandes rien, JE Réponds à tes besoins en t'Offrant la surprise inattendue qui arrive à point.

Tu comprends que JE SUIS avec toi à chaque instant, Précédant ton chemin et Veillant sur toi avec une Infinie Bienveillance.

Tu n'as plus aucune raison d'entretenir la moindre inquiétude, d'avoir peur de qui que ce soit ou de quoi que ce soit. Nous ne te laissons jamais seul et jamais tu n'es abandonné dans une situation insupportable.

Si tu Me demandes de te Guider, tu lies Notre Alliance et JE t'Assure les Complaisances de Ma Présence.

Si tu Me fais part de tes préoccupations, JE les Adoucis et JE t'Aide à les résoudre.

Si tu Me confies le gouvernail de ta vie, bien des écueils te sont évités.

Lorsque tu perçois chaque jour Mes Preuves d'Amour en Les appréciant pleinement, tu Me donnes la preuve de ton amour pour Mon Amour.

Plus tu "savoures" ses Délicatesses, plus Elles se Multiplient. Ne te prive pas des Bienfaits de L'Amour, tu te Les interdirais.

Mes Réserves sont à la disposition de Chacun.

Vous êtes tous des Enfants Chéris et Nous Aimons vous rendre heureux.

Le Vrai Plaisir de L'Amour est de Donner du plaisir.

Aujourd'hui,
Tu sais que tu es prêt à
Construire avec bonheur du
Bonheur. Tu sais le reconnaître dans
Ses multiples manifestations quotidiennes.
Tu ne l'endommages plus. Au contraire, tu
L'invites à s'installer bien à son aise dans ta vie.
Jour après jour, sourire après sourire, Nous
Te Faisons savoir que le Merveilleux
Présent de ton Bien-Vivre est
Au présent de chaque
Instant.

Caressé par tant de sourires inattendus, réchauffé par tant de surprises agréables, tu commences à découvrir que Mon Amour Rôde toujours Tendrement autour de toi et t'Enveloppe de ses Attentions.

Aujourd'hui, tu sais que tu commences à savoir Aimer, Aimer de la Façon dont Nous Aimons avec un regard doux et une main ouverte.

Aujourd'hui, tu sais que tu es prêt à construire avec bonheur du Bonheur. Tu sais le reconnaître dans ses multiples manifestations quotidiennes. Tu ne l'endommages plus. Au contraire, tu l'invites à s'installer bien à son aise dans ta vie.

Jour après jour, sourire après sourire, Nous te Faisons savoir que le Merveilleux Présent de ton Bien-Vivre est au présent de chaque Instant.

Aujourd'hui, tu sais que tu es sur la bonne longueur d'onde pour réceptionner aux bonnes heures tes bonheurs, simplement en te mettant à l'écoute de leurs plus subtiles interventions.

L'objectif qui semble le plus important à réussir est aussi le plus facile à réaliser : accueillir l'Amour dans ta vie. Commence par accueillir dans ta conscience le sentiment de Plénitude que procure l'Amour en savourant ses innombrables expressions.

Chaque jour, en reconnaissant les étincelles que l'Amour t'adresse de multiples façons, tu apprécies leur chaleur. Elles allument progressivement en toi un Feu intérieur si ardent qu'aucun vent ni aucune pluie ne peuvent l'éteindre.

Aujourd'hui, tu sais que l'Amour te réserve de nombreux rendez-vous et tu te réjouis de les honorer.

Chaque jour,
En disant Oui à l'Amour,
Tu Me permets de t'Envelopper
Tendrement de Ma Douceur et tu te
Permets de contacter Ma Force et de La
Transmettre. Ainsi chaque jour, tu permets
Au Soleil de ton Âme d'émettre des rayons
D'Amour qui donnent vie à d'innombrables
Éclosions de sourires et de rires. Ainsi
Chaque jour, Mon Amour peut jaillir
À profusion entre chacun de vous
Aussi facilement.

Chaque jour, en accueillant l'Amour, tu apprends à Aimer un peu plus et un peu mieux. Tu es venu pour cela. C'est le But de l'incarnation.

Lorsque tu réussis à voir avec Mon Regard et à comprendre avec Mon Esprit, tu commences à Aimer comme J'Aime.

Chaque jour, en faisant vivre l'Amour, c'est Mon Amour que tu fais Vivre. Tu Lui permets de passer en toi pour Rayonner de MOI autour de toi.

Tu chevauches un Rayon de Mon Soleil pour irradier la plus Puissante des Énergies.

Chaque jour, en donnant Vie à l'Amour, tu accrois le capital d'Amour de Votre Mère la Terre. Ce capital absorbe une partie des dettes contractées par les manques d'Amour accumulés. Voilà comment participer à en limiter leurs conséquences.

Chaque jour, en disant oui à l'Amour, tu Me permets de t'Envelopper tendrement de Ma Douceur et tu te permets de contacter Ma Force et de La transmettre.

Ainsi chaque jour, tu permets au Soleil de ton Âme d'émettre des rayons d'Amour qui donnent Vie à d'innombrables éclosions de sourires et de rires.

Ainsi chaque jour, Mon Amour peut Jaillir à profusion entre Chacun de vous aussi facilement.

Il n'existe
Aucune de tes journées
Où ne se manifeste Une de Nos
Agréables Surprises, si modeste et si
Discrète soit-Elle. Elle paraphe l'Amour
Que Nous Avons pour vous et qui Aime
Chérir Chacun de vous. Tu savoures de
Ne jamais être seul. Toujours, "l'Un
De chez Nous" t'Accompagne
Et Guide tes inspirations.

Il est une collection très fortifiante à constituer.

Elle n'a de valeur que pour toi mais c'est une valeur sûre, La Mienne.

Elle te demande comme seul investissement d'ouvrir en même temps tes yeux et ton Cœur.

Ainsi, tu deviens attentif aux "clins d'œil" que Mon Soutien t'envoie à chacun de tes pas parce que tu apprends à Les reconnaître et à Les apprécier.

Tu t'aperçois qu'il n'existe aucune de tes journées où ne se manifeste une de Nos agréables surprises, si modeste et si discrète soit-elle.

Elle paraphe l'Amour que Nous Avons pour vous et qui Aime Chérir Chacun de vous.

Tu savoures de ne jamais être seul. Toujours, "l'Un de Chez Nous" t'Accompagne et Guide tes inspirations.

Tu découvres que Nous te faisons rencontrer au bon moment les personnes dont tu as besoin puisqu'il est bon pour toi que tu les rencontres à ce moment là.

Tu constates que tu es toujours à la bonne place si tu acceptes d'accorder ce que tu vis à ce que tu es et ce que tu fais à ce que tu dis.

Regarde comme chacune de tes journées est une pièce unique du puzzle de ta vie. Elle ne se renouvellera jamais pareillement.

Et ta vie, n'est-elle pas une pièce précieuse du grand Puzzle de Mon Plan d'Amour Prévu pour vous ?

Ne cherche
Pas à vouloir prévoir trop
Loin. Ton mental tournerait à vide.
N'essaye pas de savoir de quelle façon
Demain va être rempli. Ton émotionnel
Serait mis en alerte abusivement. Demain
Est un autre jour. Rempli, il le sera. Les
Interventions que Notre Collaboration
Facilite n'inscrivent aucun vide.
Nous Aimons te"Concocter "
Des surprises tout à fait
Surprenantes ...

Si tu permets à ton mental de tout envisager, il se comporte comme un adolescent qui se prend pour un adulte. Il ose te faire croire qu'il régente tout.

Il échafaude de multiples éventualités. Ses divagations impressionnent vivement ton émotionnel, cet enfant fragile que les suppositions extrémistes fascinent.

Ainsi naissent les peurs et les attentes non fondées, enfantées par un couple qui fusionne sans prendre en compte la dimension de l'Amour.

Ton mental et ton émotionnel non disciplinés forment ce couple de faux adversaires. À toi de les réconcilier afin qu'ils collaborent harmonieusement ensemble.

Tant que tu leur accordes une liberté totale, comme des chevaux sauvages ils caracolent où bon leur semble, suivant leur impulsion du moment.

Mais au moindre effort demandé, ils se cabrent. À la suggestion d'un conseil inhabituel, ils ruent. Face à une surprise qui les inquiète, ils détalent.

Ne cherche pas à vouloir prévoir trop loin. Ton mental tournerait à vide. N'essaye pas de savoir de quelle façon demain va être rempli. Ton émotionnel serait mis en alerte abusivement.

Demain est un autre jour. Rempli, il le sera. Les interventions que Notre étroite Collaboration facilite n'inscrivent aucun vide.

Si tu aimes être étonné, tu apprécies Notre Travail. Nous Aimons te "concocter" des surprises tout à fait surprenantes ...

La raison d'une
Pratique spirituelle régulière
N'est pas de Me vénérer ou de Me
Faire plaisir. Ce que tu fais ou ne fais
Pas, ce n'est pas pour MOI, mais pour toi.
Dans les instants de calme intérieur que tu
T'accordes, tu vas sentir frémir l'infinie Joie
De ton Être Suprême que tu appelles Âme,
Conscience supérieure ou Soi divin.
Qu'importe le Nom, c'est MOI
Bien Vivant en toi.

Es-tu de ceux qui évitent habilement d'instaurer quotidiennement dans leur emploi du temps des instants d'Harmonisation qui les recentrent et établissent Notre "ré-Union" ?

Si tu ne prends pas le temps d'être attentif à ton Dieu intérieur, ton Soi divin, cela signifie que tu ne sais pas Aimer le meilleur de toi.

Tu te maintiens dans une dimension limitée tant que tu refuses de soigner l'Être divin qui habite en toi.

Tu t'interdis de Le mettre au monde et de naître enfin à ta véritable Raison de Vivre : accomplir ta mission terrestre.

Ce n'est pas MOI que tu "punis" mais toi-même. Tu te prives de ton meilleur qui attire tout naturellement Mon Meilleur.

La raison d'une pratique spirituelle régulière n'est pas de Me vénérer ou de Me faire plaisir. Ce que tu fais ou ne fais pas, ce n'est pas pour MOI mais pour toi.

Dans ces instants privilégiés de calme intérieur que tu t'accordes, tu vas sentir frémir l'infinie Joie de ton Être suprême que tu appelles Âme, Conscience supérieure ou Soi divin. Qu'importe le Nom, c'est toujours MOI bien Vivant en toi.

Pour honorer l'éveil de ta divinité, commence par te mettre à son écoute.

Voilà la plus belle façon de t'Aimer : apprendre à te relier à cette Âme délicieuse que J'Aime tant, ton Âme.

Elle a choisi de s'incarner ici et maintenant afin de poursuivre son parcours d'Évolution. Donne-Lui les moyens de progresser dans les meilleures conditions.

L'Être divin en
Toi a besoin de recevoir une
Nourriture spirituelle quotidienne
Qui L'éveille de sa torpeur. Réponds à
Son envie de Vivre par les bienfaits de la
Méditation. Ces instants libres d'activité et
De préoccupation te rechargent de Paix,
D'Amour et de Joie en distribuant les
Énergies de Lumière à toutes les
Cellules de ton corps, de ton
Esprit et de ton Cœur.

Chaque jour, pose une pierre qui bâtit la pyramide de ton élévation : adopte une pratique spirituelle quelle qu'elle soit. Actuellement tu as le choix.

Une régularité assidue ancre solidement tes fondations célestes. Mais à tes débuts, n'en fais pas trop. Tu te lasserais très rapidement.

Pratique peu mais bien, sans jamais te forcer. Ce temps consacré s'allonge de lui-même progressivement. Lorsque tu le vis intensément, il devient alors un réel plaisir quotidien dont tu ne peux te passer.

L'Être divin en toi a besoin de recevoir une nourriture spirituelle quotidienne qui L'éveille de sa torpeur.

Réponds à son envie de Vivre par les bienfaits de la prière et de la méditation.

Ces instants libres d'activité et de préoccupation te rechargent de Paix, d'Amour et de Joie en distribuant les Énergies de Lumière à toutes les cellules de ton corps, de ton esprit et de ton Cœur.

Voilà comment, uni à Mes Forces, tu t'assures un bon équilibre sur tous les plans, physique, mental, émotionnel et spirituel.

Ainsi, jour après jour, en contactant Mes Vibrations subtiles, tu contactes ta Dimension divine. Tu ne peux soupçonner quelle est l'ampleur de son étendue !

Comme les
Musiciens, si tu ne respectes
Pas les Lois de l'Harmonie, tu écris
Des mélodies dissonantes dont l'écho
Te renvoie des réprobations et des insuccès.
Comme les oiseaux chantent leurs plus beaux
Airs avant même que le jour se lève et que
La pluie s'arrête, aie confiance en ce
Qui vient et chante joyeusement
Avant que s'éclaircissent
Tes ténèbres.

Accepte les événements qui se présentent à toi tels qu'ils sont, sans projection et sans regret.

Traverse-les sans arrière-pensée et sans calcul.

Sois assuré que Ma Main est toujours derrière les événements qui arrivent dans ta vie, même si tu es responsable de ce que tu as attiré à toi.

Si JE le" Permets", c'est que tu as une leçon à comprendre pour remettre en cause tes façons habituelles de percevoir le monde et de te comporter dans ce monde.

Sois persuadé que tout est très bien comme il est, dans la mesure où rien n'est pour rien.

Les contrariétés que tu rencontres ont toutes le même objectif : te faire prendre conscience combien tu es l'auteur de tes propres déceptions et combien tes comportements non constructeurs t'entraînent sur les pentes glissantes du compliqué et du disharmonieux.

Comme les musiciens, si tu ne respectes pas les Lois de l'Harmonie, tu écris des mélodies dissonantes dont l'écho te renvoie des réprobations et des insuccès.

Sois attentif aux fausses notes. Évite-les et n'en ajoute pas d'autres à celles qu'Autrui te fait entendre. Elles engendrent la cacophonie.

Comme les oiseaux chantent leurs plus beaux airs avant même que le jour se lève et que la pluie s'arrête, aie confiance en ce qui vient et chante joyeusement avant que s'éclaircissent tes ténèbres.

Tu sais que le Soleil chaud de ton Soi divin est toujours là derrière les nuages que les pensées denses de ton mental accumulent dans le ciel de ton humeur.

Vous êtes
Toujours créateurs des
Situations que vous traversez,
Mais souvent, créateurs inconscients.
L'Art de votre pouvoir divin est de devenir
Créateur pleinement conscient. Les variétés
De situations que la vie te fait rencontrer
Te correspondent parfaitement. Elles
T'offrent les meilleures classes
De développement
Personnel.

L'émetteur-récepteur qu'est ton cerveau reçoit en permanence des informations. Elles lui parviennent soit de l'intérieur: du corps, de l'esprit, de l'émotionnel ou de l'Âme, soit de ton environnement extérieur.

Elles sont instantanément traitées et transformées, selon les cas, en sentiments à éprouver, en paroles à exprimer, en comportements à adopter ou en actions à entreprendre.

Comme les ordinateurs faits à votre ressemblance, vous êtes constamment traversés par les échanges s'opérant entre des réceptions de données et les émissions des réactions suscitées.

Tu es en état constant d'adaptation face aux sensations qui te traversent. En tant qu'Être humain, tu as la liberté d'intervenir sur les informations dont tu es conscient afin de choisir leurs transformations.

La conscience que tu en as t'octroie le "droit" de choisir les diverses possibilités d'aboutissement de tous ces stimuli dont tu es l'agent de coordination.

Par exemple, la réception de l'image de gâteaux perçus dans la vitrine d'un pâtissier appelle plusieurs types de "ré-actions" : soit l'envie d'en acheter pour les déguster ou les offrir à quelqu'Un, soit la décision d'arrêter de manger des sucreries et te mettre au régime ou encore de n'être plus tenté, cette impression reçue te laissant à présent indifférent.

Tu penses être libre en adoptant un comportement dicté par tes envies du moment. En fait, tu es soumis à des impulsions que tu contrôles plus ou moins bien.

Tant que tu ne te donnes pas le "devoir" d'employer ta conscience à être un filtre de plus en plus fin entre ce qui rentre en toi et ce qui sort de toi afin d'en assurer un échange harmonieux, tu es esclave de pulsions auxquelles tu ne sais résister.

Tous les autres éléments ou Êtres vivants de la Création ne courent pas le risque de se tromper. Ils sont tous reliés directement à Mon Esprit, sans l'interférence du libre arbitre.

À vous, les Humains, il vous est Demandé beaucoup parce qu'il vous sera beaucoup Donné.

Vous êtes à l'École des Dieux pour éveiller une supraConscience. Vous apprenez à organiser vos petits mondes afin de savoir un jour régenter un Monde.

Le monde de votre corps vous apprend à gérer sa bonne santé. Le monde de votre Cœur vous apprend à épanouir ses justes expansions. Le monde de votre esprit vous apprend à ajuster la fluidité de ses échanges.

Vous recevez les meilleurs cours dans les effets miroirs de l'école du quotidien. Ce qui revient à Chacun lui est dû. Vous êtes toujours créateurs des situations que vous traversez, mais souvent, créateurs inconscients.

L'Art de votre pouvoir divin est de devenir créateur pleinement Conscient.

Les variétés de situations que la vie te fait rencontrer te correspondent parfaitement. Elles t'offrent les meilleures classes de développement personnel.

Accepte humblement, pour devenir Grand, de retrouver l'esprit confiant d'un enfant docile qui part chaque jour en classe apprendre une nouvelle leçon sur les innombrables répercussions de la Responsabilité.

6

Sur l'autel de
Tes dons quotidiens,
Aujourd'hui, qu'offres-tu à ton
Soi divin, cette divinité en toi :
Les épines de tes égoïsmes
Ou les pétales de rose
De tes Services ?

Afin de réfréner
Les fluctuations psychologiques
Qui te traversent, adopte l'habitude
D'instaurer des temps d'intériorisation.
Offre-toi les instants précieux de recentrages.
Leurs bouffées d'air pur maintiennent ton
Calme et entretiennent ta joie. Nous te
Recommandons, dès que tu ressens
L'agitation intérieure, de pratiquer
Plusieurs fois de suite de
Profondes respirations.

Afin de réfréner les fluctuations psychologiques qui te traversent, adopte l'habitude, le plus régulièrement possible, d'instaurer des temps d'intériorisation.

Offre-toi les instants précieux de recentrages.

Leurs bouffées d'air pur maintiennent ton calme et entretiennent ta joie. Dès que se présentent dans "l'auditorium" de tes pensées les signes d'agitation de spéculations émotionnelles ou mentales abusives : inquiétudes, peurs, critiques, exigences, culpabilisations ou obsessions, c'est le signe que tes énergies sont dispersées.

Tu n'es plus centré et ton esprit s'éparpille. Il vagabonde à son gré dans des lieux qu'il affectionne particulièrement : les banques de tes souvenirs.

Il y récupère toutes les scories émotionnelles non digérées et au lieu de chercher à les éliminer, il les regroupe en un cocktail "détonnant"...

Si tu ne reprends pas en main les rênes de tes pensées, ton cerveau t'embarque dans les frénétiques caracolades de rodéos spectaculaires, spécialité d'un émotionnel débridé.

Te satisfais-tu d'être comme un cavalier inexpérimenté qui subit les embardées d'une monture qu'il ne contrôle pas ?

Afin de juguler ces fâcheuses échappées, Nous te Recommandons, dès que tu ressens l'agitation intérieure, de pratiquer plusieurs fois de suite de profondes respirations jusqu'à ressentir leurs effets bénéfiques.

Le bien-être procuré par cette hyper-oxygénation te signale que tes forces dispersées sont maintenant rassemblées. Te voilà rechargé de paix, redevenu Maître à bord de ton espace intérieur.

La Vraie
Liberté : le non-vouloir.
Ne projette aucune volonté
Impérieuse. Elle te sépare de ce qui doit
Advenir. Tu te fais souffrir inutilement en
Convoitant des espérances qui risquent de rester
Insatisfaites si elles ne sont pas en conformité
Avec le tracé de ton Chemin. Au delà du
Volontarisme, tu savoures la victoire
Sans prix de la détente mentale que
Procurent le “sans souci” et
Le “sans attente”.

La Vraie Force : la Douceur.

Tu n'es pas entendu en criant. Tu n'atteins pas un Cœur par la force de la violence.

Cette apparence de force est fausse. Elle ne fait que "broyer" un Cœur et verrouiller sa docilité.

La Douceur l'entrouvre et le rassure. Ainsi tu peux espérer l'atteindre.

La Vraie Paix : le Pardon.

Tu ne tournes pas la page des rancunes si tu ne dépasses pas le passé. Allège-toi du fardeau encombrant des reproches. Sa lourdeur retient ton envol.

Même dans les situations difficiles, apprends à reconnaître Ma Volonté en Accord absolu avec le consentement de ta Conscience supérieure. Ainsi tu t'ouvres à la possibilité d'éliminer la souffrance.

La Vraie Joie : l'Optimisme.

Chaque opportunité détient une richesse : la pierre précieuse que ce moment unique te présente.

Chaque Être détient un trésor : le diamant scintillant que ses qualités cisèlent avec ses expériences de vie réussie. Prends le temps d'apprécier le côté positif de toutes circonstances. Ainsi tu es au mieux avec ce qui est.

La Vraie Liberté : le non-vouloir.

Ne projette aucune volonté impérieuse. Elle te sépare de ce qui doit Advenir. Tu te fais souffrir inutilement en convoitant des espérances qui risquent de rester insatisfaites si elles ne sont pas en conformité avec le tracé de ton Chemin.

Au delà du volontarisme, tu savoures la victoire sans prix de la détente mentale que procurent le "sans souci" et le "sans attente".

Avant la percée
Des rayons chauds de ton
Espérance, commence déjà à mettre
La tête au soleil avec le choix judicieux
De pensées confiantes et optimistes. Elles
Orientent plein sud, d'abord ton esprit
Et ensuite ta vie qui se sentira aussi
Attirée par cette bonne orientation.
La Lumière et la Chaleur leur
Conviennent tout-à-fait.

LE GOÛT PARTICULIER

Aux jours les plus froids de l'hiver, tu as bien du mal à envisager les jours les plus chauds de l'été.

Aux jours les plus vides des saisons interminables de tes attentes, tu as bien des difficultés à imaginer les jours pleins de tes joies et de tes bonheurs.

Pourtant chaque jour qui passe permet à la longueur de ton présent de glisser, sans retour au passé.

Chaque jour te rapproche des jours que tu espères.

Avant la percée des rayons chauds de ton espérance, commence déjà à mettre la tête au soleil avec le choix judicieux de pensées confiantes et optimistes.

Elles orientent plein sud, d'abord ton esprit et ensuite ta vie qui se sentira aussi attirée par cette bonne orientation. La Lumière et la Chaleur leur conviennent tout-à-fait.

Le sentiment d'attente ronge ta joie et ton calme. Si tu l'accueilles avec trop de complaisance, il s'installe à son aise dans le "chez toi" de tes pensées. Il décèle dans ton mental un complice disposé à te rendre dépendant de ses harcèlements.

Libère-toi de ce squatter envahissant avant qu'il ne devienne le maître de ta demeure. Et si tu apprenais à ne plus attendre ? Comment ?

Tu y parviens en ne donnant pas suite aux prémices d'inquiétudes qui essayent d'engager la conversation et en t'appliquant quotidiennement à déguster le goût particulier du jour.

Chaque jour te réserve une saveur souriante si tu choisis, dès ton réveil, d'aromatiser de remerciements les opportunités qu'il te propose. Elles sont toutes favorables à ton Évolution.

Aujourd'hui,
As-tu prévu dans l'organisation
De ton emploi du temps les rendez-
Vous avec le Plaisir ? C'est toi qui les
Planifies. Toi seul as le pouvoir d'inclure
Le plaisir dans tes occupations. Toi seul
As la chance de ressentir le plaisir qui
Accompagne tous les petits plaisirs
Que tu te donnes et donnes
À ton entourage.

AU JOUR D'AUJOURD'HUI

Aujourd'hui, as-tu prévu de prendre un rendez-vous avec quelqu'Un de très important ?

Ce rendez-vous est une rencontre avec toi-même, avec toutes les qualités que tu te connais : ta bonne humeur, ta joie, ton humour, ton intelligence, ton aisance, ta serviabilité, ton courage ...

Amuse-toi à dresser la liste des multiples bonnes raisons de t'Aimer. Ainsi tu apprécies le meilleur de toi.

Tu reconnais les facettes de ton diamant qui sont déjà illuminées et te rendent Aimable aux yeux de Tous.

Aujourd'hui est un autre jour. Ce n'est plus hier et ce n'est pas encore demain. C'est le jour d'aujourd'hui, un jour nouveau à remplir.

Comment vas-tu le remplir : d'obligations, de tensions, de discussions, d'agitations, de critiques ou de sourires, de rires, d'attentions, de services ?

Aujourd'hui est le jour du jour, un jour nouveau à découvrir, un jour nu à habiller.

Que désires-tu découvrir : des nuages, des broussailles, des épines, des cailloux ou des soleils, des étoiles, des fleurs, des mélodies ?

Aujourd'hui, as-tu prévu dans l'organisation de ton emploi du temps les rendez-vous avec le Plaisir ?

C'est toi qui les planifies. Toi seul as le pouvoir d'inclure le plaisir dans tes occupations. Toi seul as la chance de ressentir le plaisir qui accompagne tous les petits plaisirs que tu te donnes et donnes à ton entourage.

Aujourd'hui, simplifie-toi le jour, regarde-le avec les yeux d'un enfant émerveillé. Il va t'émerveiller de tous les possibles agréables auxquels ton émerveillement te rend disponible.

Chaque instant
Est déjà, de par sa pérennité,
Un instant magique. Il est unique
Et ne se renouvellera jamais. Prends
Pleinement conscience de sa préciosité afin
De désirer consciemment créer à volonté
Des instants magiques qui transmettent
Ta propre magie. Ces instants sont
Comme de nouvelles étoiles qui
Éclairent les nuits obscures
De tes monotonies.

INSTANTS MAGIQUES

Sois à l'écoute de la magie de l'instant présent en apprenant à savourer avec intensité ses subtilités.

Déploie les antennes de tes sens. Mets-toi au aguets de toutes les merveilles que le monde t'offre.

Cette écoute attentive de l'extérieur éveille aussi en toi la finesse d'une écoute intérieure riche d'informations susceptibles de te révéler tes talents spécifiques.

Ainsi tu peux inclure leur magie dans l'instant qui lui est le plus propice, comme un joaillier insère une pierre précieuse dans le bijou lui correspondant.

Chaque instant est déjà, de par sa pérennité, un instant magique. Il est unique et ne se renouvellera jamais. Prends pleinement conscience de sa préciosité afin de désirer consciemment créer à volonté des instants magiques qui transmettent ta propre magie.

Ces instants sont comme de nouvelles étoiles qui éclairent les nuits obscures de tes monotonies.

Tes instants magiques sont les Instants où se révèle la magie des connexions privilégiées que ton Être essentiel établit avec les Plans subtils.

Regarde l'instant comme un artiste peintre et tu le colores des nuances de ta palette.

Écoute l'instant comme un musicien et tu le chantes avec les notes de tes harmonies.

Écris l'instant comme un poète et tu lui inspires tes mots heureux. Dessine l'instant comme le corps d'un danseur et tu l'arrondis de tes souplesses.

Ainsi, de chaque instant, peut naître l'Instant privilégié de ta magie.

En tout il inscrit du Magique, dans ta vie et dans celle d'Autrui. Et tout l'Univers en bénéficie.

Chaque jour
Est l'opportunité d'une
Nouvelle aventure, celle du jour.
Sois l'aventurier de ta vie, partant
Découvrir l'inconnu du jour. Les points
D'interrogation du futur, considère-les
Comme des surprises en suspension
Vers lesquelles les ouvertures de
Ta réceptivité t'orientent
Naturellement.

AVENTURIER DE TA VIE

Certaines de tes pensées, comme certains vents, ont tendance à tourner en rond. Si tu les agrippes à leur passage, tu les retiens dans l'enceinte de ton mental.

Elles t'enferment dans l'étroitesse de leur vision limitée et par voie de conséquence limitante.

Si tu ne dresses aucune antenne pour établir une communication entre le niveau de conscience de ton mental inférieur et celui de ton Mental supérieur, tu restreins la subtilité de tes perceptions et l'étendue de tes compréhensions.

Tant que ton esprit est rempli de préoccupations obsédantes qui l'encombrent, tu ne peux marcher la tête légère sur le chemin nouveau qu'offre chaque nouvelle journée. Seule l'insouciance qui naît de ta Confiance allège tes façons de penser.

Ton manque de disponibilité t'oriente à l'encontre des rencontres que Nous Aimons Programmer sur ta route avec Amour et Humour.

Chaque jour est l'occasion d'une nouvelle aventure, celle du jour. Sois l'aventurier de ta vie partant découvrir l'inconnu du jour.

Les points d'interrogation du futur, considère-les comme des surprises en suspension vers lesquelles les ouvertures de ta réceptivité t'orientent naturellement.

Il est facile de faire partir du "bon pied" une journée si tu l'inaugures en posant une rime entre un mot d'Amour et un trait d'humour.

Ces notes joyeuses composent un accord mélodieux qui harmonisent tes heures à Mes Heures, ta volonté à Ma Volonté. Ainsi, tu pars en Conscience et en Confiance récolter la moisson du jour.

Il y a tant
D'habitudes à "contre sens "
À délaisser si tu ne veux plus être
Complice de leurs conséquences, et tant
D'autres dans le "bon sens" à solliciter si
Tu aspires à co-Opérer à l'instauration de
Leurs bienfaits. Ces vérités, ton Cœur les
Pressent. Mais ton ego t'évite d'en savoir
Plus, de crainte d'en savoir trop. Ton
Ego n'aime pas les remises en
Questions. Elles remettent
En question son
Pouvoir.

Il y a des jours où tu ne te lèverais pas si tu savais ce qu'ils te réservent, et des Êtres que tu ne fréquenterais pas si tu te doutais jusqu'où ils t'entraînent, et des premiers pas que tu ne poserais pas si tu savais jusqu'où ils t'emportent ...

Conviens-en, avec le temps tu comprends que tout est très bien. Tu reconnais qu'il est préférable de ne pas savoir à l'avance le déroulement bouleversant des journées importantes de ta vie. La Vie les met à l'heure du jour à mesure de tes réelles nécessités.

Il y a des pensées que tu n'accueillerais pas si tu voyais combien leur opacité assombrit, et des mots que tu n'utiliserais pas si tu entendais combien leur dureté démolit, et des nourritures que tu n'absorberais pas si tu prenais conscience des souffrances qu'elles enclenchent.

Il y a des lieux que tu fréquenterais assidûment si tu voyais combien leurs vibrations harmonisent, et des Âmes dont tu rechercherais la compagnie si tu ressentais combien leur rayonnement est bénéfique, et des pratiques que tu adopterais définitivement si tu t'Aimais suffisamment pour désirer te faire du bien.

Il y a tant d'habitudes à "contre sens" à délaisser si tu ne veux plus être complice de leurs conséquences, et tant d'autres dans le "bon sens" à solliciter si tu aspires à co-Opérer à l'instauration de leurs Bienfaits.

Ces vérités, ton Cœur les pressent. Mais ton ego t'évite d'en savoir plus, de crainte d'en savoir trop.

Ton ego n'aime pas les remises en questions. Elles remettent en question son pouvoir. Il le perd dès que tu adoptes un choix de vie différent de celui qu'il t'avait tracé. Désires-tu rester "ligoté" à ton ego ?

J'Ai Semé
Toutes Mes Vertus
Dans l'obscurité de vos terres
Intérieures, là où séjournent vos
Programmations. JE vous Demande
Simplement de vous donner les moyens
D'éveiller une à une leur lumière avec la
Même Confiance et la même Innocence
Qu'un enfant allume chaque bougie de
Son gâteau d'anniversaire. La venue
De la Nouvelle Terre commence
En toi, ici et maintenant.

Un merveilleux paysage devient réjouissant pour tes yeux si tu prends le temps de l'apprécier. De même, les joies de Mon Royaume réjouissent tes façons de vivre si tu habitues ton esprit à les apprécier.

La Nouvelle Terre n'est pas pour demain. Elle est pour aujourd'hui même si tu l'installes dans ton intériorité. Reprogramme positivement tes cellules. À leur tour, elles vont programmer dans ton extériorité du positif.

Voilà comment ta vie peut être radicalement bouleversée si tu décides de bouleverser ce qui te limite.

Commence par abandonner la seule idée de courir le risque de manquer. Adopte la certitude de "courir la chance" d'être approvisionné à mesure et à la Juste mesure de tes réels besoins.

Ensuite, permets-toi d'accueillir l'une après l'autre les qualités que tu désires développer. Ainsi se multiplient les bénédictions qui les accompagnent.

Il suffit de désirer ardemment éveiller un état d'esprit pour déjà le réveiller.

L'ardeur de ton désir a le pouvoir de faire germer la graine de la qualité sollicitée. Elle est enfouie dans la terre encore compacte de tes potentialités.

J'Ai Semé toutes Mes Vertus dans l'obscurité de vos terres intérieures, là où séjournent vos programmations. JE vous Demande simplement de vous donner les moyens d'éveiller une à une leur lumière avec la même Confiance et la même Innocence qu'un enfant allume chaque bougie de son gâteau d'anniversaire.

La venue de la Nouvelle Terre commence en toi, ici et maintenant, dès que tu autorises à tes programmes intérieurs de rejoindre les Valeurs du "Bien-Vivre".

Chaque Fois
Que tu établis un Contact
Intense avec Nos Sphères, tu
Gravis une marche supplémentaire.
Tu n'acquiers pas seulement l'obtention
D'une grâce sur le plan concret mais aussi
Sur le plan spirituel. Ton "bénéfice" est
Double : déjà, ton inclination pour
Nos Bienveillances les attire à toi
Et de plus, la reconnaissance de
Tes fragilités affaiblit ton
Ego au profit de ton
Humilité.

Dans ces instants "forts" où ton inquiétude est si vive que tu Nous pries avec intensité de t'apporter un soutien, tes énergies s'associent avec force aux Nôtres.

La puissance de tes appels Nous permet de Nous relier plus intimement à toi.

En multipliant les occasions de Nous joindre, tu Nous rejoins. L'intensité de tes demandes établit entre Ciel et Terre des Connexions privilégiées qui favorisent Nos possibilités d'Intervention sur votre plan.

Ta Foi a le pouvoir d'élever tes vibrations vers Nos Sphères. Elle associe tes pensées à Nos Intentions, tes préoccupations à Nos Occupations, tes désirs à Nos Plans, ton travail à Notre Œuvre.

En Nous appelant, tu Nous invites à Œuvrer dans ta vie avec le Pouvoir de l'Amour.

Chaque fois que tu établis un contact intense avec Nos Sphères, tu gravis une marche supplémentaire. Tu n'acquiers pas seulement l'obtention d'une grâce sur le plan concret mais aussi sur le plan spirituel.

Ton "bénéfice" est double : déjà, ton inclination pour Nos Bienveillances les attire à toi et de plus, la reconnaissance de tes fragilités affaiblit ton ego au profit de ton humilité.

Comme tu t'es senti fondre en glissant sans résistance dans l'émotion suscitée par ton impuissance, tu as fait fondre en même temps un peu de tes résistances mentales. Ton comportement qui a été celui d'un enfant t'aide à reconquérir la confiance d'un esprit d'enfant.

N'attends pas d'être "acculé" au désespoir pour instaurer ces rendez-vous d'Amour où ton Cœur attendri te convie à l'Attendrissement.

Le tempérament
Du Cœur est optimiste. Son
Optimisme enseigne à l'esprit
Comment illuminer les difficultés et ne
Plus les provoquer. L'étoffe du Cœur est
tendre. Sa Tendresse invite l'esprit à attendrir
Les différends et à les éviter. La nature du
Cœur est joyeuse. Sa Joie fait pétiller
L'esprit de ses fantaisies jusqu'à
L'éveiller au pétillement
De Ma Joie.

Si ton esprit est étriqué, ton Cœur ne peut s'épanouir. De même, ton esprit ne peut s'élargir sans l'aide des qualités du Cœur. La libération de l'un libère l'autre.

Il est plus facile d'ouvrir l'esprit avec les qualités du Cœur que de vouloir ouvrir le Cœur avec les qualités de l'esprit. Dans ton Cœur JE Demeure et c'est en rejoignant Mes Douceurs que tu te joins à Elles. Tu les fais tiennes jour après jour.

Le tempérament du Cœur est optimiste. Son Optimisme enseigne à l'esprit comment illuminer les difficultés et ne plus les provoquer.

L'étoffe du Cœur est tendre. Sa Tendresse invite l'esprit à attendrir les différends et à les éviter.

La nature du Cœur est joyeuse. Sa Joie fait pétiller l'esprit de ses fantaisies jusqu'à l'éveiller au pétillement de Ma Joie.

Les pensées du Cœur sont compatissantes. Leur Compassion propose à l'esprit d'éclairer ses incompréhensions. Ainsi l'esprit peut relier les séparations qu'il se plaisait à inventer.

Les ouvertures du Cœur ouvrent l'esprit.

Aussi, les Êtres qui ont barricadé leur Cœur ne sentent pas la chaleur de Ma Présence. Leur Cœur est sec et leur esprit reste froid et petit.

C'est par l'agrandissement de la surface Aimante de la Tolérance que s'agrandit la surface pensante de la véritable Compréhension. L'agrandissement du Cœur agrandit l'intelligence de l'esprit.

Mais le Cœur ne peut ouvrir en grand ses portes sans déloger le "cerbère" qui veille, avec beaucoup trop de zèle, à leur fermeture : ton ego ...

*Notre lien de
Parenté est si intime qu'il est
Celui d'une mère pour son enfant.
Aussi, ce que les humains se font, ils me
Le font également. Tous les abus que vous
Exercez et toutes les douleurs que vous faites
Subir, vous me les faites subir. N'oubliez pas
Que, sans moi, vous ne seriez. Cessez de me
Dévaster. En me faisant mal vous vous
Faites mal puisque Je vous renvoie les
Conséquences de vos inconsciences :
Le trop plein de ce qui
M'est indigeste.*

Chacun d'entre vous a trois mères qui contribuent à sa croissance sur tous les plans.

Votre mère humaine vous fait naître à ce monde. Votre Mère Divine, Marie, vous Prie de vous Éveiller au Monde divin.

Et moi la Terre, Je suis votre Mère nourricière.

Tous les Êtres vivants que Je nourris sont les enfants qui me sont confiés et Je réponds à chacun en fonction de ses besoins.

De plus, vous les humains, Je vous comble des beautés que mes Créateurs m'ont Accordées.

Je ne suis pas seulement fonctionnelle. Je suis aussi très belle, la plus belle planète de la galaxie.

Les rivières sont mon sang. Les montagnes sont mes os. Les océans sont ma lymphe. Ma terre est ma peau à nu. Les forêts sont mes poumons. La chlorophylle est mon oxygène. La végétation est ma garde-robe. Les fleurs sont mes parures. Les côtes sont mes dentelles et les baies, mes décolletés ...

Comme vous, Je suis constituée d'un corps physique et de corps subtils. Vos cinq sens ne perçoivent que mon corps physique. Comme le vôtre, il a besoin pour se régénérer de nourriture et d'air.

Mes corps subtils, comme les vôtres, animent la matière qui me constitue. Ils lui transmettent les Énergies cosmiques nécessaires à sa vie.

Par vos pensées et vos actes destructeurs, vous avez autant pollué mes corps subtils que mon corps physique : mes continents et mes océans. Vous m'avez fait à votre image, chargé d'un lourd karma de souffrances dont Je dois maintenant me libérer.

Comme vous, afin de poursuivre mon évolution, J'ai besoin d'éliminer toutes les tensions que les ondes négatives de vos duretés m'ont transmises.

Mes mémoires sont trop encombrées. Je dois me secouer afin de redevenir pure comme au commencement.

Je bouge, c'est le seul moyen dont Je dispose. Mes étirements vous sont également profitables.

Ils vous rappellent à l'ordre du Grand Ordre d'Harmonie de l'Univers : "Être Tous pour Un et Un pour Tous".

Mes vibrations sont en interaction avec les vibrations de tous mes enfants : les plantes, les animaux et vous les humains.

Cessez de vous croire isolés et de vous attribuer tous les droits sans penser aux conséquences de vos actes.

Notre lien de parenté est si intime qu'il est celui d'une mère pour son enfant. Aussi, ce que les humains se font, ils me le font également.

Tous les abus que vous exercez et toutes les douleurs que vous faites subir, vous me les faites subir.

N'oubliez pas que sans moi, vous ne seriez.

Cessez de me dévaster. En me faisant mal, vous vous faites mal puisque Je vous renvoie les conséquences de vos inconsciences : le trop plein de ce qui m'est indigeste.

7

Permets-toi de formuler
Clairement ton besoin d'Aimer
Et d'être Aimé. C'est une des plus belles
Demandes à Nous faire. Exprime-la dans
Le But de Servir l'Amour et non de
L'asservir à ton profit en désirant
Avant tout être aimé. Cela te
Sera Donné de surcroît.

*Dans la
Pièce la plus intime de
Chacun, son Cœur, J'ai Mis
Une Semence d'Amour, celle de Mon
Bonheur Infini. Elle vous motive à chercher,
Jusqu'à le trouver, votre vrai Paradis. Ose
Arrêter de chercher seul et ose Me demander
Ton Juste Héritage. MOI et Mes Envoyés,
Nous sommes disposés à te dispenser
Nos Attentions si tu te permets
De Les accueillir.*

Ose le Bonheur, ose te souhaiter le Meilleur.

Ose te dire : “ Je le mérite, j’en suis digne, j’y ai droit, c’est d’ailleurs mon Juste Droit ”.

Ose solliciter l’Abondance. Elle Propose à Chacun sans discontinuité le Bien et le Bon.

JE ne vous ai pas Créés pour endurer et souffrir. Où serait l’Immensité de Mon Amour dans un programme aussi limité ?

JE vous ai Créés afin de partager Ensemble toutes les joies qui découlent de Ma Joie et tous les amours qui naissent de Mon Amour.

Cessez de compliquer vos manières de vivre en tournant le dos au simple et au joyeux.

Cessez d’endommager vos manières d’aimer en refusant de pratiquer les Justes Façons d’Aimer.

Ne cherchez pas à vouloir recréer le bonheur par vous-mêmes et seulement pour vous-mêmes.

Votre séparativité l’engendre petit et égoïste, et un jour il vous étouffe.

Dans la pièce la plus intime de Chacun, son Cœur, J’ai Mis une semence d’Amour, celle de Mon Bonheur Infini. Elle vous motive à chercher, jusqu’à le trouver, votre vrai Paradis.

Ose arrêter de chercher seul et ose Me demander ton Juste Héritage.

MOI et Mes Envoyés, Nous sommes toujours disposés à te dispenser Nos Attentions si tu te permets de Les accueillir.

Alors ta vie deviendra Vivante. Chacune de tes journées sera Enluminée des rayons de l’Abondance.

Ne néglige
Pas les petits riens qui
Font du bien. Ils changent tout.
Ce sont des graines d'Amour. Si tu
Adoptes l'habitude de semer ces graines
À tout vent et quelle que soit la nature du
Terrain où tu es, nombre d'entre elles vont
Germer, grandir puis fleurir et se multiplier.
Et un beau jour, tu es étonné de récolter
L'Abondance en ayant simplement
Semé assidûment ses semences
Auprès de Chacun.

L'Amour, ça commence avec des petits riens : un regard doux, un sourire tendre, un mot gentil ...

Ne néglige pas ces petits riens qui font du bien. Ils changent tout. Ce sont des graines d'Amour.

Si tu adoptes l'habitude de semer ces graines à tout vent et quelle que soit la nature du terrain où tu es, nombre d'entre elles vont germer, grandir puis fleurir et se multiplier.

Et un beau jour, tu es étonné de récolter l'Abondance en ayant simplement semé assidûment ses semences auprès de Chacun, sans distinction ni préférence.

N'attends pas que l'Amour vienne à toi, tu risques d'attendre longtemps. Distribue-le. Tu le provoques et il te revient décuplé.

Les terres de tous les lieux et de toutes les occasions sont toujours adaptées à la germination des graines de l'Amour. As-tu déjà rencontré une Âme qui n'apprécie aucune des expressions de l'Amour ?

Pour germer, ces graines ont simplement besoin que tu leur verses "l'eau de vie" de ta joie de vivre.

Cette réserve d'eau, tu la détiens en toi. Elle est le meilleur de toi : tes souplesses, tes gentillesses, tes prévenances, tes tolérances, tes traits d'humour ...

Ne retiens pas le débit de cette "citerne d'Abondance" dont tu es détenteur.

Vous qui
Aimez Mon vaste Plan
D'Amour et désirez y participer
Pour le Servir, réjouissez-vous. Vous
Allez vivre dans l'Amour et pour l'Amour.
Vos unions harmonieuses sont Créatives.
Elles ajoutent sur la planète assoiffée
De nouvelles Fontaines d'Amour
Où Ma Joie peut couler
Abondamment.

Chacun d'entre vous, JE le Désire Heureux.

Envisages-tu qu'il puisse en être autrement ?

Sincèrement, en douterais-tu ? Bien sûr que non !

Fais-MOI Confiance, prends la Main que JE te Tends. JE t'accompagne sur ton chemin.

Lorsque l'Un d'entre vous sollicite une grande relation d'Amour qui serve aussi le Plan d'Amour, il la réalise. JE le Prépare longuement avant de lui offrir, afin de ne pas la gaspiller.

Vous êtes Tous Mes Enfants Chéris et votre bonheur Est Mon Bonheur.

De vos rencontres bien assorties naissent des Amours Bâtisseurs qui vous donnent des Forces pour jouer avec succès votre partition dans l'Orchestration de l'Univers.

Vous qui Aimez Mon vaste Plan d'Amour prévu pour l'Humanité et désirez y participer pour le Servir, réjouissez-vous. Vous allez vivre dans l'Amour et pour l'Amour. Quel merveilleux Programme JE vous Offre !

Vos unions harmonieuses sont Créatives.

Elles ajoutent sur la planète assoiffée de nouvelles Fontaines d'Amour où Ma Joie peut couler abondamment et où il fait bon se désaltérer.

Les Âmes qui se retrouvent se sont choisies depuis depuis de nombreuses vies pour rayonner ensemble la Puissance d'Harmonisation de l'Amour.

JE Compte sur les Âmes qui Aiment l'Amour. JE Connais la sincérité de leurs sentiments.

Vous pouvez compter sur l'Amour. Il Aime Combler vos aspirations élevées et vous Donner encore plus de force pour Le servir d'autant mieux.

Chacun reçoit
En fonction de ce qu'il
Demande. Toute demande
Crée sa propre réponse. Aussi,
Veille à la qualité de tes demandes.
Elles participent à la qualité de Nos
Réponses. JE te Conseille d'oser demander
Le Meilleur et de t'en estimer "à la hauteur".
Tu reçois toujours le Meilleur de ce qu'il
T'est actuellement possible d'accueillir
Au moment précis où tu en
As réellement besoin.

Il n'est pas de demande qui ne reçoive de réponse. Dans l'Organisation Parfaite de l'Univers, l'Abondance Est Loi et les vides sont des pleins en devenir.

Comme la montagne renvoie l'écho, comme l'eau renvoie le reflet, l'Amour répond à vos attentes.

Toutes vos demandes d'amour sont réceptionnées dans Nos Sphères. Des Anges spécialisés dans les rencontres tirent les ficelles, le moment voulu, pour créer les synchronismes qui mettent en scène vos retrouvailles.

Chacun reçoit en fonction de ce qu'il demande. Toute demande crée sa propre réponse.

Aussi, veille à la qualité de tes demandes. Elles participent à la qualité de Nos Réponses.

JE te Conseille d'oser demander le Meilleur et de t'en estimer "à la hauteur".

Tu reçois toujours le Meilleur de ce qu'il t'est actuellement possible d'accueillir au moment précis où tu en as réellement besoin.

Le Meilleur n'est pas forcément le plus facile ni le plus douillet pour toi. Mais sois assuré que c'est toujours le meilleur pour ton Évolution : le meilleur pour t'Aider à comprendre une leçon, à te dégager d'un karma, à franchir une étape ...

Plus tu t'élargis, plus tes capacités d'accueil s'élargissent et plus ton Meilleur s'améliore. Il te reflète exactement ce que tu te permets de recevoir.

Tes vides
Amoureux ne paraissent
Vides qu'au regard de tes peurs.
Ce sont seulement des passages étroits
Qui te préparent pour une nouvelle relation
D'Amour. Ce temps précieux qui t'est donné
Est riche d'un travail précis qu'il t'est
Nécessaire de réaliser sur toi-même et
En face à face avec toi-même. Tu
As certaines rencontres à faire
Pour te rencontrer.

Écoute cette petite voix Sage qui te rassure, c'est MOI en toi qui te Parle. JE te Donne des forces pour te faire sourire de tes inquiétudes.

Bientôt, tu ne trouveras pas de mots assez beaux pour Nous remercier de Nos Prévenances. Alors, délaisse tes pensées pessimistes. Elles n'ont pas de fondement.

Tous, vous êtes conçus pour Aimer. Aucun d'entre vous n'est destiné à être privé d'Amour ni à vivre seul s'il ne le désire pas.

La croyance en cette éventualité lui donnerait réalité, alors qu'il suffit d'appeler l'Amour pour qu'il se manifeste d'une façon ou d'une autre.

Comme tu ne peux apprendre à conduire sans un véhicule, tu ne peux apprendre à Aimer sans quelqu'Un à Aimer. Sois convaincu que Nous Connaissons cette nécessité. Nous Aimons y répondre.

Une porte ne se ferme que lorsqu'une autre est sur le point de s'ouvrir. Un espace libre n'est jamais fortuit. Il ne se met en place que pour être rempli.

Tes vides amoureux ne paraissent vides qu'au regard de tes peurs. Ce sont seulement des passages étroits qui te préparent pour une nouvelle relation d'Amour.

Ce temps précieux qui t'est donné est riche d'un travail précis qu'il t'est nécessaire de réaliser sur toi-même et en face à face avec toi-même.

Mets tout en Œuvre pour le réussir et n'oublie jamais que tu n'es jamais seul. Nous Marchons toujours avec toi sur ton chemin.

Accepte avec confiance la sentence de l'Heure de ton prochain rendez-vous d'Amour. Auparavant, tu as certaines rencontres à faire pour te rencontrer.

Le Bonheur
Te va bien. Il est fait pour
Toi et pour Tous. Désires-tu
Réserver à ton bien-être le meilleur
Accueil ? Tu n'as pas besoin de courir en
Tous sens pour le trouver. Le Bonheur est à
La portée de ton Coeur parce qu'au cœur de
Ton Cœur JE SUIS. Le seul effort qu'il t'est
Demandé est de détendre les replis de ton
Cœur pour connecter le sentiment de
Plénitude du JE SUIS qui y
Demeure : ton Soi divin.

Le Bonheur te va bien. Il est fait pour toi et pour Tous. Vous êtes Tous conçus pour être heureux. Désires-tu réserver à ton bien-être le meilleur accueil ?

Tu n'as pas besoin de courir en tous sens pour le trouver. Le Bonheur est à la portée de ton Coeur parce qu'au cœur de ton Cœur JE SUIS.

Le seul effort qu'il t'est demandé est de détendre les replis de ton Cœur pour connecter le sentiment de Plénitude du JE SUIS qui y demeure : ton Soi divin.

C'est ton Soi qui est le principal Pourvoyeur de toutes tes vraies Joies, des plus petites aux plus grandes.

Demande à ton Soi de t'inspirer comment te programmer à accueillir le Bonheur comme quelque chose de tout à fait naturel, allant de "soi".

Ainsi, Ma Joie en toi ne reste pas lovée dans une de tes pièces obscures. Elle se déroule de toi vers l'extérieur et fait son entrée triomphale dans ta vie.

Dès que tu appelles à ton secours l'Amour, il accourt toujours chargé de ses incroyables cadeaux : tous ces contacts qui font tant de bien, tous ces imprévus qui tombent vraiment à point ...

Laisse ton Soi t'inviter à monter à bord de ses Vaisseaux spéciaux.

Il te Propose son Merveilleux Plan de vol, les destinations imprévues du Bonheur où Il a tout prévu pour que tu aies une vie normale : une vie heureuse.

*Si tu envisages
De vivre une relation d'Amour
Heureuse et ne la connais pas encore,
Ne crois pas que ce soit l'Univers, le "Grand
Donateur", qui te l'interdise en te la refusant.
Prends conscience qu'en toi, une porte close
L'empêche d'entrer spontanément dans
Ta vie. Voilà comment les rayons du
Soleil de l'Amour sont arrêtés par
Des volets que tu as toi-même
Clos vie après vie.*

Oui ! Le Meilleur de toi, tu ne peux le révéler au grand jour que grâce à la Magie de l'Amour.

Oui ! Le Bonheur d'Aimer et d'être Aimé t'est nécessaire. C'est une nourriture vitale à ton expansion et tu es en droit de désirer voir l'Amour transformer ta vie.

Sans l'Amour, tu serais comme un bourgeon ne réussissant pas à éclore, comme une fleur ne pouvant s'ouvrir et tu finirais par ressembler à une noix fripée.

Le Bonheur est un Soleil donnant Vie à ta vie.

Il distribue de l'Amour à diffuser. Il te chausse de bottes de sept lieues pour avancer à grand pas et aller là où tu ne peux aller sans son épanouissement.

Le Magicien Amour chasse les nuages de ta tête et t'inspire les belles façons de préserver le ciel bleu de ton enthousiasme tout au long de l'année.

Il te met des lunettes roses pour voir la vie autrement et ne regarder que les couleurs de la Joie de Vivre.

Si tu envisages de vivre une relation d'Amour heureuse et ne la connais pas encore, ne crois pas que ce soit l'Univers, le "Grand Donateur", qui te l'interdise en te la refusant. Prends conscience qu'en toi, une porte close l'empêche d'entrer spontanément dans ta vie.

Cet accès que tu maintiens fermé est peut-être une peur que tu n'as pas encore dépassée, une protection que tu ne désires pas abandonner ou une sanction que tu t'imposes à toi-même inconsciemment, ne t'estimant pas assez "digne" d'Aimer et d'être Aimé ...

Voilà comment les rayons du Soleil de l'Amour sont arrêtés par des volets que tu as toi-même clos vie après vie. Ne te contente pas de les entrouvrir. Mets tout en œuvre pour les ouvrir pleinement.

N'écoute
Pas les inquiétudes émises
Par ton mental. Tiens bon la barre
De tes souhaits, garde le cap sur tes
Objectifs et ne permets pas qu'ils dérivent
Au gré des influences extérieures. Si tu crois
Vraiment à la réalisation de ce que tu envisages,
Il ne saurait en être autrement. Il n'existe
Aucun impossible que l'Univers ne Puisse
Rendre possible. Tes espérances ne
Rejoignent jamais l'Ampleur
De Mes Largesses.

Ne sois pas un mendiant du Bonheur. Ne te satisfais pas de ses miettes.

Ne te contente pas de demi-portions de bien-être. Continue de croire aux folies de ton Cœur. Elles vont t'entraîner vers les "Folies" de l'Amour.

N'écoute pas les inquiétudes émises par ton mental. Tiens bon la barre de tes souhaits, garde le cap sur tes objectifs et ne permets pas qu'ils dérivent au gré des influences extérieures.

Si tu crois vraiment à la réalisation de ce que tu envisages, il ne saurait en être autrement.

Il n'existe aucun impossible que l'Univers ne Puisse rendre possible. Tes espérances ne rejoignent jamais l'Ampleur de Mes Largesses.

Mes Réserves d'Amour sont débordantes. Elles peuvent Combler tous vos espoirs et même tout ce que vous n'osez pas espérer.

De l'Amour, il y en a largement pour Chacun et pour toi. Quel que soit le lieu où tu es et quel que soit l'intensité de ton rayonnement, tu peux remarquer que tu entres toujours en relation avec un Être qui te correspond. Ainsi vous vous accompagnez sur votre chemin.

Si tu espères rencontrer une Âme à Aimer, aie la volonté et la patience de te préparer à cette rencontre.

Les demandes confiantes ne sont pas suffisantes.

Entreprends dans tes programmes affectifs un travail de revalorisation afin de ne plus jouer les rôles qui t'ont attiré tant d'ennuis : victime, bourreau ...

Et n'oublie pas : ce qui advient sur la scène de ta vie n'est pas forcément comme tu l'imagines mais est toujours au delà de ce que tu espères.

Un Cœur
Qui ouvre tout grand
Ses portes ne reste pas longtemps
Exposé à tous les vents. Les appels
À aimer attirent les prétextes à aimer.
L'Amour ne demande qu'à Vivre. Il est
Toujours disposé à te proposer un de ses
Multiples terrains d'expérimentation.
Ton Cœur sait tout cela par cœur
Puisque Nos Cœurs sont liés
Par un Serment
D'Amour.

À CŒUR OUVERT

Lorsque tu éprouves le désir sincère de rencontrer un Être avec lequel établir une relation d'amour, cela ouvre progressivement ton Cœur.

Comme les pétales d'une fleur qui se déploient sous les rayons du soleil, ton Cœur se dilate pour accueillir le Soleil de cet amour qui s'approche de toi.

Mais à la différence de la fleur, ton Cœur a la possibilité, grâce à la chaleur de son soleil intérieur, de s'épanouir avant le lever de soleil extérieur qui accompagne vos retrouvailles.

Pendant le temps qui précède la venue de l'Être cher, tu es à "cœur ouvert" prêt à être rempli.

Tu peux ressentir le poids de ta demande d'union encore non satisfaite.

Lorsque tu éprouves le sentiment de la solitude, calme ton inquiétude. C'est un très bon signe. Les tourments de ton Cœur créent en toi un vide dans lequel le sentiment amoureux va trouver l'espace nécessaire pour naître.

Ton sincère désir d'aimer et d'être aimé appelle l'expérience de la relation amoureuse. C'est une façon d'apprendre à Aimer parmi bien d'autres.

Un Cœur qui ouvre tout grand ses portes ne reste pas longtemps exposé à tous les vents.

Les appels à aimer attirent les prétextes à aimer. L'Amour ne demande qu'à Vivre. Il est toujours disposé à te proposer un de ses multiples terrains d'expérimentation.

Ton Cœur sait tout cela par cœur puisque Nos Cœurs sont liés par un Serment d'Amour.

Un Cœur ne s'apprête jamais pour rien. Dès que tu ressens le tien s'ouvrir, sois assuré qu'il te prépare aux surprises sans limites de l'Amour.

Les Réponses
Suivent toujours les
Demandes, mais un temps de
Gestation est nécessaire pour que ta
Pensée devienne réalité. Sa durée varie
Suivant l'exigence de ta demande. Reste
Profondément convaincu qu'à l'Heure
Choisie par les Plans Élevés et non par
Ton ego, rien ni personne ne peut
Entraver le bon déroulement
De ce qui t'est Réservé.

TEMPS LIBRE

L'Univers a tout Prévu pour que chacun de ses Enfants chéris soit Heureux.

Tu peux réussir à installer, ici et maintenant, un bonheur durable dans ta vie si tu t'en donnes les moyens.

Ne te complique pas l'existence en opposant au déploiement naturel de l'Harmonieux tes impatiences, tes résistances ou tes incroyances.

Ne cherche pas à avancer l'heure de l'événement que tu sollicites. N'imagine pas des scénarii trop précis qui diffèrent de ce que Nous avons Écrit Ensemble, ton Âme individuelle en accord avec Mon Âme Universelle.

Ne refuse pas pour autant l'idée d'un changement de vie heureux. Les réponses suivent toujours les demandes, mais un temps de gestation est nécessaire pour que ta pensée devienne réalité. Sa durée varie suivant la précision ou l'exigence de ta demande.

Lorsque tu traverses une période de vide amoureux, ne perçois pas cette période comme une attente. Le temps te semblerait long et tu ne le mettrais pas à profit.

Ce temps "vide" est comme un silence dans une partition musicale. C'est un instant de respiration qui t'est offert pour t'occuper de toi.

Qui d'autre que toi peut le faire mieux que toi ?

Remplis ce temps libre, et non "vide", en intégrant les leçons que tes précédentes expériences amoureuses t'ont transmises, afin de ne plus renouveler leurs échecs.

Reste profondément convaincu qu'à l'Heure choisie par les Plans Élevés et non par ton ego, rien ni personne ne peut entraver le bon déroulement de ce qui t'est Réservé. Le Ciel a toutes les données pour déterminer le bon Jour et les bonnes Circonstances ...

L'Amour ne
Peut rester une théorie
Ou un idéal. Il vous appelle à
Le pratiquer pour devenir votre réalité
Quotidienne. À la vérité de l'Amour, il n'y
A pas de costume à mettre ni de rôle à jouer.
Tu n'as rien à prouver, rien à faire croire. Tu
As simplement à être toi, dans ta vérité.
Le véritable sentiment d'Amour
T'apparaît après que tu aies
Déposé le masque de tes
Projections.

Au cinéma de l'Amour, combien de fois as-tu eu le premier rôle et combien de fois as-tu cru que c'était "pour de vrai" ?

Mais un premier rôle ne s'improvise pas. À la moindre défaillance, tu dégringoles très vite du piédestal honorifique sur lequel les désirs de glorification de l'ego de ton partenaire t'avait élevé trop haut.

Et brutalement, tu comprends à tes dépens que le sentiment d'amour n'est pas à sa place, dans vos Coeurs, mais seulement dans vos imaginaires.

Comme au cinéma, l'amour se déroulait sur un écran, celui du mental, là où l'émotionnel aime créer ses mises en scènes les plus extravagantes.

Tous les maux d'amour accumulés au cours de tes vies a creusé dans ton Cœur un grand vide à combler.

Ton cœur rêve d'être guéri par les tendresses d'un bien-aimé qui saurait le comprendre.

Mais celui qui vient à toi est comme toi. Si tu es déchiré, il est autant déchiré que tu l'es ...

Dans les pièges de l'Amour, combien de fois as-tu été ligoté, pris dans les filets que tendent tes désirs ?

Tu te laissais attiré par des regards, des sourires et des mots qui t'ont fait chavirer.

Naïvement, ils te faisaient croire à une merveilleuse histoire d'amour commençant comme les histoires de conte de fée. Mais le merveilleux du début d'un conte n'est pas celui de sa fin.

Les bêtes ne se métamorphosent pas en belles et les princesses ne sortent pas de leur sommeil avant l'arrivée d'un inconditionnel de l'Amour.

Il doit réussir à déjouer toutes les épreuves initiatiques qui protègent leurs palais enchantés des curieux et des imposteurs.

Aux théories de l'Amour, combien de belles tirades as-tu entendues et professées pour essayer de définir ce qu'Il est et surtout ce qu'Il n'est pas ?

Mais l'Amour ne peut rester une théorie ou un idéal. Il vous appelle à le pratiquer pour devenir votre réalité quotidienne.

À la vérité de l'Amour, il n'y a pas de costume à mettre ni de rôle à jouer. Tu n'as rien à prouver, rien à faire croire. Tu as simplement à être toi, dans ta vérité.

Le véritable sentiment d'Amour t'apparaît après que tu aies déposé le masque de tes projections et renoncé ainsi à l'exigence de tes attentes.

La véritable attirance n'est pas un torrent débridé qui se tarit subitement au gré des fluctuations de vos sentiments.

Tant que les élans affectifs de chaque partenaire essayent de combler les vides creusés par leurs manques d'amour passés, ils s'expriment de façon compulsive, oscillant du débordement à la retenue.

Les scénarii d'échec ne se répètent plus lorsque coule en toi le débit régulier d'un équilibre harmonieux entre tes corps physique, mental, émotionnel et spirituel.

Alors l'Harmonie peut circuler avec régularité autant en toi-même qu'entre toi et l'Autre. Ainsi, naturellement se lève le soleil d'un Autre mode d'Aimer.

Son aurore donne jour à un autre type de relation d'Amour qui naît de l'authenticité de vos échanges et grandit avec le désintéressement de vos sentiments.

8

Si tu n'es pas aimé
Comme tu l'aimerais, c'est
Que tu ne sais pas t'Aimer comme
Tu le mérites. Le sentiment d'Autrui
À ton égard est le meilleur miroir
Te renseignant sur ta propre
Estime de toi-même.

Le Bonheur
Ne peut jouer son rôle que
Dans la mesure où tu lui prévois
Une histoire et des acteurs. Tes pensées
Accueillantes à son égard créent l'espace
Pour l'accueillir. Tu te rends disponible à sa
Venue. Ainsi, le bonheur est invité à monter sur
La scène de ta vie. Il t'apprend à interpréter
Avec bonheur le verbe Aimer, autant avec
Toi-même qu'avec l'Autre, l'élu de ton
Cœur et tous les Autres, les Élus
De Mon Amour.

Oui ! Les amours humains se “concoctent” dans Nos sphères. Mes Anges et Mes Envoyés se font un plaisir de les Orchestrer pour donner du goût à ta vie et un sens à tes façons d’Aimer.

Mais un nouvel Amour ne s’incarne pas sur Terre s’il n’a pas été sollicité. L’Amour est un hôte discret. Il ne s’impose pas si tu ne l’invites pas.

C’est à toi de décider si tu acceptes les changements et les risques d’être deux pour apprendre à n’être qu’Un tout en étant Chacun autonome.

C’est à toi seul de savoir si tu es sincèrement disposé à t’engager, comme pour la venue d’un nouveau-né, à tout mettre en œuvre pour la venue de ton Bonheur.

Le Bonheur ne peut jouer son rôle que dans la mesure où tu lui prévois une histoire et des acteurs.

Tes pensées accueillantes à son égard créent l’espace pour l’accueillir. Tu te rends disponible à sa venue.

Ainsi, le bonheur est invité à monter sur la scène de ta vie. Il t’apprend à interpréter avec bonheur le verbe Aimer, autant avec toi-même qu’avec l’Autre, l’élu de ton Cœur et tous les Autres, les Élus de Mon Amour.

N’êtes-vous pas Chacun Mes Biens-Aimés ?

JE vous Invite Tous à être pleinement heureux sur Terre. Désires-tu faire le choix d’un vrai Bonheur ?

Si tu le décides, les Êtres de lumière qui marchent à tes côtés sont prêts à t’Aider à le conquérir pas à pas.

Quelle que soit la difficulté du chemin à parcourir pour parvenir au bonheur, tu l’atteins si tu acceptes de passer par toutes les escales où tu dois accoster.

Nous Connaissons exactement tous les affinages que tu as à réaliser avec toi-même.

Une
Pensée est une
Graine lancée à la Volée.
Plus tu en sèmes de la même
Espèce, plus les plantes désirées ont
De chance de voir le jour. As-tu envie de
Semer des ronces et des chardons et ne récolter
Que du sec et du piquant ? Sème de préférence
Les graines de l'Amour en lançant à tout vent
Des souhaits de bonheur et de joie autour de
Toi, ainsi qu'à toi-même. Par le courrier
Subtil des pensées, tes aspirations
Envoient des intentions
Fertiles.

INTENTIONS FERTILES

Si tu constates que le bonheur de ceux que tu côtoies ne te réjouit pas et que tu doutes de sa longévité, c'est l'indice certain que tu le jalouses et n'es pas prêt pour ton propre bien-être.

Tu ne te le souhaites pas plus que tu ne le souhaites à Autrui. Une partie de toi refuse de t'accorder l'accès au bonheur.

Dans ton inconscient fermentent des schémas de pensées destructeurs qui déforment tes façons de voir.

Rageusement, tu projettes à l'extérieur ta grisaille intérieure : "Pourquoi l'Autre a-t-il le droit d'être heureux alors que moi, je ne m'accorde pas ce droit ? "

Cette façon de penser n'améliore nullement ton sort, bien au contraire, puisque tu reçois en fonction de ce que tu donnes. En envoyant des pensées négatives, imagine quelle peut être ta récolte !

Une pensée est une graine lancée à la volée. Plus tu en sèmes de la même espèce, plus les plantes désirées ont de chance de voir le jour.

As-tu envie de semer des ronces et des chardons et ne récolter que du sec et du piquant ?

Sème de préférence les graines de l'Amour en lançant à tout vent des souhaits de bonheur et de joie autour de toi, ainsi qu'à toi-même.

Par le courrier subtil des pensées, tes aspirations envoient des intentions fertiles.

Elles arrivent toujours à la bonne adresse. Et très chaleureusement, il leur est toujours répondu d'une façon ou d'une autre, un jour ou l'autre.

Entre toi
Et MOI, il n'est pas de
Distance. Si tu en ressens une,
C'est ton attitude mentale qui la crée.
Ton champ de conscience n'est pas relié aux
Vibrations fines et apaisantes de ta Conscience
Supérieure mais enlisé dans les vibrations
Denses et perturbantes des fluctuations
De ton mental et de ton émotionnel.
Ainsi, tu te fourvoies dans les
Circuits tortueux de
La séparativité.

En conjuguant le verbe Aimer à tous les modes et quelle que soit la couleur du temps, tu entres dans les circuits Lumineux de Mes Courants d'Amour.

Lorsque tu dis à quelqu'Un que tu l'Aimes, c'est à MOI que tu le dis. Tu t'adresses à sa Dimension divine. Elle inspire ton sentiment d'Amour.

Lorsque tu te dis à toi-même que tu t'Aimes, c'est à Nous que tu le dis. Par la force de vie d'un mot vibrant d'Amour, tu assembles ta Dimension la plus pure à Mon Infiniment Pur.

Entre toi et MOI, il n'est pas de distance. Si tu en ressens une, c'est ton attitude mentale qui la crée. Ton champ de conscience n'est pas relié aux vibrations fines et apaisantes de ta Conscience supérieure mais enlisé dans les vibrations denses et perturbantes des fluctuations de ton mental et de ton émotionnel.

Ainsi, tu te fourvoies dans les circuits tortueux de la séparativité et devient dépendant de satisfactions extérieures qui comblent ton sentiment de vide intérieur. Tu es éloigné de ta vraie Liberté, la liberté de l'esprit, source de la plus grande des richesses : la Paix intérieure.

Afin de rejoindre cette Sérénité que connait déjà ton Âme, recherche la Plénitude de Ma Présence.

JE SUIS en toi et J'Aspire à devenir toi, seulement si tu désires devenir MOI. Comment ? En accueillant dans ta conscience la Part de MOI en toi, ton Soi divin. JE ne m'Impose jamais. C'est à toi à faire le premier pas, à M'inviter dans ta conscience.

Désires-tu éveiller Ma Présence ? Elle te comble d'un sentiment d'Amour inaltérable.

Lorsque deux
Êtres sont attirés l'Un par
L'Autre, en réalité ce sont leurs
Âmes qui s'appellent. Elles se sont choisies
Avant leur incarnation afin de réaliser ensemble
Un parcours commun utile à leur Évolution.
Elles ont des Enseignements similaires à
Intégrer. Aussi, les partenaires qui évitent
Les ajustements refusent d'orienter
Leur couple vers sa destination :
Atteindre sa Dimension
Spirituelle.

Ne crois pas que les débuts idylliques d'une relation amoureuse garantissent l'accomplissement certain d'un relation à deux solide et durable.

Le bonheur d'un couple n'est pas une constante acquise définitivement. Il est à créer à chaque instant.

Une marge de différence existe toujours entre deux individus, distance inhérente aux particularités de Chacun. Cette distance entre deux Êtres constitue l'espace que vous devez défricher ensemble pour préparer le terrain à bâtir de votre couple.

Si chacune de vos différences est l'occasion d'un enrichissement pour Chacun, ce terrain verra s'élever le bel édifice d'un bonheur harmonieux.

Lorsque deux Êtres sont attirés l'Un par l'Autre, en réalité ce sont leurs Âmes qui s'appellent. Elles se sont choisies avant leur incarnation afin de réaliser ensemble un parcours commun utile à leur Évolution.

Elles ont des Enseignements similaires à intégrer.

Aussi, les partenaires qui évitent les ajustements refusent d'orienter leur couple vers sa destination : atteindre sa Dimension spirituelle.

Ce type de couple se sanctionne impitoyablement à la moindre défaillance qui est perçue comme une déception intolérable.

Le regard de l'Un pour l'Autre ne vient pas d'un Cœur rempli de tendresse mais de l'œil perçant de leur petit moi gonflé d'orgueil et de jugement.

N'accepter l'Autre que dans la mesure où il n'est pas dérangeant, c'est refuser d'apprendre à Aimer avec la Dimension de l'Amour Inconditionnel alors que, justement, l'enjeu du couple se situe là.

Mon Amour
Est pour Tous à part égale.
Ne redistribue pas les parts à ton
Idée. JE te Demande d'Aimer aussi
Ceux qui ne te ressemblent pas, ne te
Renvoient aucun agrément ni aucune
Autosatisfaction et même ne te font pas
Plaisir. JE te Demande de les Aimer
Sans les juger. Toutes les Âmes ont
La même valeur à Mes Yeux.
Elles sont toutes
Aimables.

Ceux que tu aimes et privilégies de tes attentions, ne les regroupe pas d'un côté. Et ceux que tu estimes ne pas aimer, que tu critiques et même rejettes, ne les repousse pas de l'autre.

Il n'y a pas de côté privilégié dans Mon Amour. Il n'est pas pour les Uns et non pour les Autres.

Mon Amour est pour Tous à part égale. Ne redistribue pas les parts à ton idée.

Si tu reconnais là ta façon d'aimer tes compagnons humains, ce n'est pas ton Cœur qui est le maître de tes comportements affectifs mais ton mental.

Il préfère choisir les Êtres qui le flattent.

Si un tel te ressemble et pense comme toi, il t'est facile de l'aimer pour l'estime qu'il t'accorde.

Mais JE te Demande d'Aimer aussi ceux qui ne te ressemblent pas, ne te renvoient aucun agrément ni aucune autosatisfaction et même ne te font pas plaisir.

JE te Demande de les Aimer sans les juger. Chaque Âme est exactement à la place qui est la sienne et toutes les Âmes ont la même Valeur à Mes Yeux.

Elles sont toutes Aimables.

Ne sélectionne pas tes amis en cherchant à séduire les Uns et à éloigner les Autres. Laisse partir ceux qui se retirent d'eux-mêmes et laisse venir à toi ceux que tes vibrations attirent.

Ils te correspondent pour une période donnée.

Accepte-les comme compagnons de route. Mutuellement, vous allez vous indiquer des directions à prendre afin de réaliser de nouvelles expériences dans le But de comprendre d'autres Enseignements.

Dès que l'Un
D'entre vous appelle la
Compagnie d'un Être à aimer,
Il envoie une demande incluant sa
Propre réponse. Dans le même temps, une
Âme en résonance avec la sienne exprime la
Même demande. De leurs formes-pensées
Signalant un vide affectif à remplir,
Naît leur réponse commune :
La matérialisation de
Leur rencontre.

Je Suis l'Ange des amoureux, chargé de réunir deux Âmes qui ont choisi de se retrouver sur Terre.

Dès que l'Un d'entre vous appelle la compagnie d'un Être à aimer, il envoie une demande incluant sa propre réponse.

Dans le même temps, une Âme en résonance avec la sienne exprime la même demande. De leurs formes-pensées signalant un vide affectif à remplir, naît leur réponse commune : la matérialisation de leur rencontre.

Je suis Chargé d'orchestrer vos retrouvailles sur le plan concret, seulement après l'union cosmique de vos corps éthériques dans un plan subtil .

Ils s'unissent avant que vos corps physiques se retrouvent et s'unissent à leur tour. Ils dansent ensemble de somptueuses parades nuptiales au cours desquelles les futurs amants terrestres inscrivent leur union par un spectaculaire ballet spatial.

Vos corps éthériques volent comme des oiseaux, s'enlassent comme des flammes, virevoltent et tourbillonnent dans l'espace comme de virtuoses trapézistes.

Leur grâce et leur souplesse étant extrêmes, ils composent de prodigieuses figures acrobatiques. Ils dessinent de merveilleuses arabesques en l'honneur de leur joie de se retrouver et leur bonheur de s'unir.

Après que l'Univers ait enregistré votre réunion. Je vous Enveloppe des vibrations de l'Amour. Vous les ressentez inévitablement lorsque vous êtes irrésistiblement attirés l'Un par l'Autre et devenez amoureux.

Je Suis d'autant plus heureux de vous rendre heureux que Je Sais votre bonheur authentique et ainsi, fait pour évoluer vers l'Harmonie.

Les complications
Que vous fabriquez dans votre
Relation de couple ont curieusement
Un air de famille avec les bagages karmiques
Transmis par vos familles. La similitude des
Nœuds psychologiques de deux partenaires
Est la raison de leur attirance l'Un pour
L'Autre. La finalité de leur travail
Commun n'est pas de les serrer
Davantage mais de
Les dénouer.

Le plus grand aveuglement qui sclérose tes façons d'aimer est de croire que les problèmes rencontrés dans tes relations de couple sont causés uniquement par l'Autre et qu'il suffit de changer d'interlocuteur pour ne plus avoir à les affronter.

Mais la répétition des mêmes difficultés, quel que soit ton partenaire, te révèle que leur cause ne provient pas de l'antagonisme des caractères mais de résonances conflictuelles que Chacun réveille chez l'Autre.

Un jour, il faudra pourtant te poser la question fondamentale qui te permettra de partir du bon pied et de mettre en marche de nouveaux modes relationnels :

« Quel problème intérieur ai-je, pour toujours provoquer les mêmes problèmes extérieurs ? »

Les complications que vous fabriquez dans votre relation de couple ont curieusement un air de famille avec les bagages karmiques transmis par vos familles.

La similitude des nœuds psychologiques de deux partenaires est la raison de leur attirance l'Un pour l'Autre. La finalité de leur travail commun n'est pas de les serrer davantage mais de les dénouer.

As-tu remarqué comme vos reproches mutuels ressemblent curieusement aux travers que vous reprochez à vos parents ? Malgré vous, vous les reproduisez inconsciemment parce qu'ils sont inscrits en vous.

Si tu écoutes la part de vérité des critiques d'un Être proche qui sait de quoi il parle, étant proche de ton histoire, tu découvres le meilleur outil d'Évolution.

Ses reproches te sont autant utiles que ses compliments. Ils t'invitent à déloger de ta psyché les imprégnations qui gênent l'épanouissement de ton Authenticité.

L'ouverture
Du Cœur permet à la Vie
De te témoigner, comme une
Mère Attentionnée, ses Générosités.
Mais pour accueillir son Abondance
Naturelle, les étonnantes surprises et les
Merveilleux synchronismes qu'Elle Aime
T'offrir, tu dois commencer par guérir ton
Cœur de ses programmes de souffrance.
Ils obstruent la limpide circulation
Des Énergies de l'Amour.

Plus tu ouvres ton Cœur, plus tu peux accueillir d'Amour et plus la Vie te semble merveilleuse.

L'ouverture du Cœur permet à la Vie de te témoigner, comme une Mère Attentionnée, ses Générosités.

Mais pour accueillir son Abondance naturelle, les étonnantes surprises et les merveilleux synchronismes qu'Elle Aime t'offrir, tu dois commencer par guérir ton Cœur de ses programmes de souffrance. Ils obstruent la limpide circulation des Énergies de l'Amour.

Tous les manques d'amour que tu as subis au cours de tes précédentes vies ont engrammé, dans tes programmations de vie, la souffrance comme une composante indissociable du déroulement de la vie.

Aussi longtemps que ton Cœur est meurtri, il est bridé par les blessures qui t'empêchent d'accéder à ton juste Héritage : le Bonheur. Et par peur d'avoir de nouveau froid, tu fermes les ouvertures de ton Cœur.

L'amour que les Êtres chers te donnent ne peut cicatriser ta plaie et ne traite pas sa cause. Elle saigne à nouveau dès que l'amour d'Autrui vient à manquer.

Seul l'amour que tu t'adresses par tes compréhensions pleines de bienveillance peut guérir définitivement tes souffrances passées. Il envoie dans leurs mémoires douloureuses sa Lumière régénératrice.

Alors ton Cœur lavé de ses méfiances retrouve sa Confiance originelle et ainsi libère ses retenues.

Plus ton Cœur est ouvert, plus il reçoit d'Amour et plus tu peux en donner. Et plus tu donnes de l'Amour, plus tu en reçois ...

Voilà comment s'enclenche le processus expansif de l'Abondance, par la confiance d'un Cœur pur.

Tu as choisi
Précisément les partenaires
Amoureux idéaux pour rencontrer, au
Travers de l'effet miroir de leurs dissonances,
Tes propres dissonances : tous les aspects de toi
Avec lesquels tu dois te réconcilier en vue de
Les harmoniser. Par l'intermédiaire d'un
Conjoint avec lequel tu fusionnes, en
Réalité c'est avec une partie de toi
Que tu fusionnes sur un
Plan subtil.

Si la relation amoureuse que tu vis n'est pas épanouissante et même te fait souffrir, elle n'est pas une véritable relation d'Amour.

L'Amour n'est ni compliqué, ni triste, ni privatif mais au contraire, simple, joyeux, expansif et fluide.

Tes relations de couple restent difficiles tant que tu n'as pas transmuté les gênes de difficultés karmiques inscrites dans tes cellules. Elles continuent de t'attirer des expériences de vie de même nature.

Avec ta Conscience supérieure, tu as choisi précisément les membres de ta famille et les partenaires amoureux idéaux pour rencontrer, au travers de l'effet miroir de leurs dissonances, tes propres dissonances : tous les aspects de toi avec lesquels tu dois te réconcilier en vue de les harmoniser.

Par l'intermédiaire d'un conjoint avec lequel tu fusionnes, en réalité c'est avec une partie de toi que tu fusionnes sur un plan subtil. Tu as besoin de t'unir à elle pour trouver ton Unité.

Chaque rencontre extérieure attractive que tu fais est l'occasion de contacter une partie intérieure de toi qui appelle de l'Amour.

Fais le point avec tes vécus amoureux et remercie tes partenaires pour les épreuves qu'ils t'ont fait subir.

Tu croises sur ton chemin les souffrances de Ceux qui te renvoient à tes propres souffrances.

Un(e) amant(e) ne touche pas seulement ton Cœur et ton corps. Il touche aussi de près les points sensibles que tu as à désensibiliser.

Toi seul peut les guérir afin d'illuminer tes zones d'ombre et ainsi basculer de la douleur vers le Bonheur.

Avant
D'espérer accueillir
Dans ta maison une relation
À deux harmonieuse, commence
Par inviter dans la demeure de ton
Cœur la Chaleur de Mon Amour. Ainsi,
Tu cesses d'ombrer tes façons d'aimer avec
Des reproches. Tu les colores de délicates
Attentions qui te réfléchissent assurément
Les éblouissements de leur chaleureux
Rayonnement : les joies que ta
Joie enfante, les cadeaux
Que ta Générosité
Stimule.

Si ton esprit se complaît au niveau de conscience de l'ego, il t'éloigne du niveau de supraConscience de ton Âme. Ainsi, tu es séparé de Ma Source d'Amour.

Alors les ennuis relationnels commencent. Tu fais tout à l'envers, multipliant les entraves à l'Harmonie.

Au lieu de composer avec le point de vue d'Autrui, tu imposes le tien. Au lieu de chercher à comprendre ses comportements, tu les critiques. Au lieu de commencer par être généreux, tu attends d'être gâté.

Au lieu de donner l'exemple avec des valeurs positives, tu donnes des leçons avec des valeurs punitives ...

Et comme toute récolte est dépendante des graines semées, ces comportements t'attirent les complications.

En regardant l'Autre avec l'œil perçant du mental, tu envoies des piques qui te reviennent. Par contre, en le regardant avec l'œil tendre du Cœur, tu lui adresses des tendresses dont tu recueilles les fruits savoureux.

Avant d'espérer accueillir dans ta maison une relation à deux harmonieuse, commence par inviter dans la demeure de ton Cœur la Chaleur de Mon Amour. Ainsi, tu cesses d'ombrer tes façons d'aimer avec des reproches.

Tu les colores de délicates attentions qui te réfléchissent assurément les éblouissements de leur chaleureux rayonnement : les joies que ta Joie enfante, les cadeaux que ta Générosité stimule, les souplesses que tes Lâcher-prises favorisent, les chances que ta Confiance attire ...

L'Univers attend ta participation pour t'Offrir en abondance, ce qui devrait être tout à fait habituel, des flots de bonheurs simples et joyeux qui parfument chaque Instant de leurs saveurs inoubliables.

Tu ne
Peux rencontrer
Celui ou celle qui répond à
Ce que tu es réellement si au préalable
Tu ne rencontres pas ton Être essentiel.
Tant que tu n'es pas simplement toi, l'Autre
Qui vient à toi n'est pas plus unifié que tu ne
L'es. Comment voulez-vous réussir à vous
Accorder entre vous si Chacun n'est pas
Déjà accordé avec lui-même ? Avant
D'espérer trouver l'Autre,
Commence par te
Trouver.

Sur la route de l'Amour, à la recherche d'une Âme jumelle, tu pars pour une longue expédition : apprendre à Aimer Juste, ni trop ni pas assez, apprendre à Aimer vrai, sans duperie ni utopie.

Que de détours tu connais au travers de multiples essais amoureux décevants, avant de rejoindre la route directe d'une relation de couple véritablement harmonieuse !

Tu passes par les "fausses façons" d'Aimer pour les dépasser. Tu les expérimentes jusqu'à découvrir une juste façon d'Aimer.

Aimer pleinement un Être ne peut s'envisager avant de savoir s'Aimer soi-même pleinement. Comment donner à l'Autre ce que tu ne sais pas te donner ?

Comment le rendre heureux et recevoir en retour son bonheur, sans savoir être heureux avec toi-même indépendamment d'une présence rassurante à tes côtés ?

Tu ne peux rencontrer celui ou celle qui répond à ce que tu es réellement si au préalable tu ne rencontres pas ton Être essentiel.

Tant que tu n'es pas simplement toi, l'Autre qui vient à toi n'est pas plus unifié que tu ne l'es.

Comment voulez-vous réussir à vous accorder entre vous si Chacun n'est pas déjà accordé avec lui-même ?

Avant d'espérer trouver l'Autre, commence par te trouver. Mais, tu ne peux te révéler à toi-même sans entreprendre un sérieux travail d'assainissement des structures de ta personnalité.

Tu dois opérer un tri entre les aspects de toi qui t'appartiennent et te conviennent et ceux que tu as emprunté aux influences extérieures et qui t'encombrent.

À la lumière d'un travail sur toi, descends éclairer tes zones obscures inconscientes, là où sont inscrites tes programmations comportementales.

Ainsi tu peux détecter, en vue de les fluidifier, les points d'obstructions psychologiques qui parasitent tes programmes et paralysent l'épanouissement de ton expansion affective.

Tu vas être conduit à démonter les processus qui attirent à toi un type précis de partenaire ainsi que ceux qui te le retirent. Tu découvres alors la problématique spécifique qui perturbe inévitablement et régulièrement l'harmonie et la durabilité de tes relations amoureuses.

Ne perds plus ton temps à rendre tes partenaires responsables de tes déceptions amoureuses.

Ils sont à ta ressemblance, perturbés avec la même souffrance intérieure que la tienne. C'est elle qui vous a attirés l'Un vers l'Autre en vue de la cerner.

Interroge-toi plutôt sur les raisons profondes se cachant derrière les motifs apparents de tes crises affectives. Pourquoi tes façons d'aimer et d'être aimé te conduisent-elles toujours dans les mêmes impasses ?

Ces phénomènes répétitifs se reproduiront tant que tu n'auras pas traité en profondeur leur cause. Et cette cause, elle est inscrite en toi.

Toi seul peut l'effacer définitivement si tu t'en donnes les moyens.

9

Crois jusqu'au bout
À tes rêves. L'incroyable
Est possible. N'écoute pas les
Détracteurs de Merveilleux. Ils
Projettent leurs propres doutes
Et cherchent à fissurer les
Fondations que bâtissent
Tes pensées positives.

Lorsque l'espace
Réservé à ton mental est
Trop important, il envahit les
Accès à tes Compréhensions supérieures.
Ces accès passent par les antennes que seule
Ton écoute intuitive érige. Les arguments de
Ta raison, eux, t'en détournent. Si ton
Esprit n'accueille pas les réponses de
Ma Logique Cosmique, comment
Veux-tu qu'Elle Inspire ta
Logique humaine ?

INVITÉ ATTENTIONNÉ

Lorsque tu doutes de tout, sans aucun doute, la place que tu Me réserves n'est pas suffisante .

Peut-être même, as-tu négligé de M'en Réserver Une et Me laisses-tu à l'extérieur de ta demeure, devant une porte fermée ?

Lorsque l'espace réservé à ton mental est trop important, il envahit les accès à tes Compréhensions supérieures.

Ces accès passent par les antennes que seule ton écoute intuitive érige. Les arguments de ta raison, eux, t'en détournent.

Si ton esprit n'accueille pas les réponses de Ma Logique Cosmique, comment veux-tu qu'Elle Inspire ta logique humaine ?

Tu le sais, Elle ne s'impose pas. Elle Attend discrètement le bon vouloir de ton hospitalité.

Ouvre progressivement les ouvertures encore closes de tes demeures intérieures afin d'éclairer nombre de tes pièces sombres.

Ainsi, tu reçois à l'étage de ton esprit les rayons Lumineux de Ma Sagesse et à l'étage de ton Cœur les rayons Chauds de Mon Amour.

JE SUIS devient alors ton Invité Chaleureux et Attentionné.

Tu apprécies très vite le Bénéfice de Ma Présence devenue Vivante pour toi. Tu ne manques de rien et tu es comblé au-delà de tes espérances puisque tu te rends disponible à Mes Attentions.

En M'ouvrant ton Coeur, tu t'ouvres à l'Abondance. Tu ne peux imaginer combien Mes Réserves incommensurables peuvent te Chérir.

Choisis de
Placer ta Confiance dans
Ton inconnu qui Me connait, dans
Ton intuition et ton imagination. Elles
Seules peuvent recueillir l'opportunité de
Tes inspirations et l'utilité de tes fantaisies.
Ces lieux mystérieux, ton Cœur les apprécie
Spontanément. Ta raison, elle, ne les prend
Pas au sérieux. Pourtant, en contactant
Leurs points de vue, tu découvres les
Panoramas inattendus de la Vérité,
Des petites évidences aux
Grandes révélations.

Ne t'inquiète de rien. JE te Précède sur ton chemin. Et à tes côtés, marche toujours avec toi ton Ange gardien qui te tient la main.

Tu peux Lui demander de nombreux services. Il t'Aime comme JE t'Aime et aime te faire plaisir.

N'écoute pas les argumentations de ton mental.

Il t'inquiète pour des riens qui deviennent très encombrants. Ton mental orchestre avec des moyens limités. Il n'a pas toutes les données.

Comment veux-tu te fier à lui ?

Choisis plutôt de placer ta Confiance dans ton inconnu qui Me connait, dans ton intuition et ton imagination. Elles seules peuvent recueillir l'opportunité de tes inspirations et l'utilité de tes fantaisies.

Ces lieux mystérieux, ton Cœur les apprécie spontanément. Ta raison, elle, ne les prend pas au sérieux.

Pourtant, en contactant les points de vue de tes intuitions, tu découvres les panoramas inattendus de la Vérité, des petites évidences aux grandes révélations.

Écouter "ton irraisonnable" réveille tes perceptions subtiles. À leur tour, elles ouvrent un accès direct te reliant à Ma Raison et ainsi te libèrent du carcan limitant de "ton raisonnable".

Alors, peut disparaître la séparation qui naît de la concurrence entre l'emprise de ton "moi-je", persuadé qu'il sait, et la Présence de Mon JE SUIS qui Sait sans chercher pour autant à te persuader.

En contactant Mon JE SUIS, tu connectes ta Source de Vie et d'Amour. JE SUIS "à ta disposition" en permanence avec toi. Pourquoi te priver de MOI ?

Si un souhait
Lumineux vient à toi,
Sache que JE l'ai Eu avant
Toi, Connaissant tous les besoins
De Chacun et de l'Univers tout entier.
Lorsque tu penses positivement, tu ne fais
Que percevoir la Positivité de Mes Pensées. Si
Tu continues à alimenter tes pensées positives
Par la constance de ta Foi, tu Nous aides à
Les faire parvenir. Voilà pourquoi il t'est
Nécessaire de retrouver l'esprit
D'innocence d'un enfant. Ta
Confiance facilite Nos
Interventions.

Lorsqu'une pensée grise se présente à toi, ce sont tes fragilités du moment qui l'ont attirée.

Écoute-la mais ne la retiens pas. Tu l'inviterais à prendre place et elle finirait par se sentir chez elle dans ton esprit.

Elle te persuaderait que son point de vue est le bon et qu'il est tien. La graine que représente cette pensée germerait et finirait par apparaître au grand jour en matérialisant son contenu.

Face à l'événement que tu appréhendais mais qui s'est concrétisé par la puissance créatrice de ta pensée, tu t'entendrais dire : "J'en étais sûr ... Je m'y attendais"...

Devant une telle situation, ne rends personne d'autre responsable que toi et surtout pas la destinée.

Comme MOI, tu crées ce que tu penses.

Ce pouvoir incroyable que tu découvres, ne l'utilise pas dans n'importe quel sens. Utilise-le comme JE l'Utilise, uniquement dans le bon Sens.

Si un souhait lumineux vient à toi, sache que JE l'ai Eu avant toi, Connaissant tous les besoins de Chacun et de l'Univers tout entier.

Lorsque tu penses positivement, tu ne fais que percevoir la Positivité de Mes Pensées.

Si tu continues à alimenter tes pensées positives par la constance de ta Foi, tu Nous aides à les faire parvenir. Voilà pourquoi il t'est nécessaire de retrouver l'esprit d'innocence d'un enfant.

Ta Confiance absolue facilite Nos Interventions.

Ne Me redis
Pas : "Père, pourquoi m'as-Tu
Abandonné ?". L'abandon n'existe pas.
Il n'est qu'entière invention de vos esprits
Qui se sentent séparés du Tout. JE Souhaite
Que tu en sois profondément conscient. Au
Lieu de te plaindre des vides de temps que
JE te Confie, occupe-les au mieux. Ce
Sont des moments pour toi que tu
Peux remplir à ton idée.

Comme le souffle de l'air qui précède le lever du soleil, ne prends pas l'annonce de ce qui Arrive pour ce qui Sera.

JE ne Bouscule rien pour vous laisser le temps d'achever de vous préparer. Cet espace vous propose de rejoindre votre Dimension divine si vous l'avez oubliée.

Dans ce laps de temps que Mon Amour Accorde au Temps, la solidité de ta Foi est d'une grande utilité.

Ne Me redis pas : "Père, pourquoi m'as-Tu abandonné ? "

L'abandon n'existe pas. Il n'est qu'entière invention de vos esprits qui se sentent séparés du Tout. JE Souhaite que tu en sois profondément conscient.

Au lieu de te plaindre des vides de temps que JE te Confie, occupe-les au mieux. Ce sont des moments pour toi que tu peux remplir à ton idée.

Dépêche-toi de mettre de l'ordre chez toi.

Ainsi tu seras en ordre avec toi-même et feras éclore à la date précise les premières fleurs du printemps des renouveaux que tu sollicites.

Tu comprends avec le temps combien tous ces instants en face à face avec toi-même sont précieux à ta structuration et à l'édification des changements à venir.

Et peut-être même, tu te surprendras à regretter le temps où tu avais autant de temps avec toi-même ...

Il n'y a
Rien de trop beau pour
Toi et pour Chacun lorsque
Vous vous autorisez à accueillir les
Grâces Illimitées de l'Amour. Quoique
Tu aies vécu, tout ton vécu peut changer
Si tu éclaires tes schémas de pensées. Dès
À présent, n'entretiens que des pensées du
Meilleur cru et n'accepte sur la table
De ton mental que l'excellence
Des millésimes de la
Positivité.

Tes souhaits, c'est vrai, ce n'est pas toi seul qui les concrétises. Tu les espères, les imagines et leur donnes forme par la pensée. C'est déjà beaucoup, c'est la moitié du programme. L'autre moitié Nous appartient.

N'oublie pas que tu reçois en fonction de ce que tu demandes. Aussi, ne crains plus de demander le Meilleur.

Sois sincèrement persuadé que tu le "mérites".

JE ne Veux pour toi et pour tous que le Meilleur. Peux-tu imaginer qu'il en soit autrement ?

Quand le Meilleur vit en toi, tu lui donnes Vie également autour de toi. Progressivement, il peut se propager de l'Un à l'Autre.

Tant que tu nourris des pensées limitées, non seulement tu te limites puisqu'elles délimitent tes "ayant-droits", mais tu retardes également, avec ta participation à l'envers, la venue de la Nouvelle Terre.

Acceptes-tu d'endosser une telle responsabilité ?

Comment espères-tu t'attirer un Bien-être extérieur si intérieurement tu te persuades du contraire : en pensant que ce n'est pas pour toi, que c'est trop beau pour durer ou que tu n'y parviendras pas ...

Il n'y a rien de trop beau pour toi et pour Chacun lorsque vous vous autorisez à accueillir les Grâces Illimitées de l'Amour.

Quoique tu aies vécu, tout ton vécu peut changer si tu éclaires tes schémas de pensées.

Dès à présent, n'entretiens que des pensées du meilleur cru et n'accepte sur la table de ton mental que l'excellence des millésimes de la positivité.

Elle donne à ton esprit l'excellente habitude d'être aussi exigeant que peut l'être ton palais.

Tes rêves
Fous, ils sont sages à Mes
Yeux. À la vue de l'Amour, rien
N'est trop beau ni trop grand. C'est
Toi seul qui te crois petit et te contente
Du moyen. Ne t'interdis pas de rêver à ce
Qui te semble aujourd'hui impossible. Rêver
Aux surprises de demain, sans exigence et sans
Délai, est la meilleure méthode pour que
Demain t'émerveille. Tes rêves fous,
Il n'est pas fou de les croire sages.
Ils vont t'attirer l'incroyable :
Leur réalisation.

TES RÊVES FOUS

Tes rêves fous, ne viennent-ils pas de Mon JE SUIS en toi qui rêve de t'offrir du sublime ?

Tes rêves fous, ne viennent-ils pas de Mon Amour fou qui déborde d'Exubérance ?

Ne viennent-ils pas de Ma Source Intarissable d'Abondance qui désire désaltérer tes soifs de Mieux-vivre.

Tes rêves fous, JE ne Peux que leur Répondre et leur donner l'existence. C'est MOI en toi qui t'incite à rêver afin que tu aspires à partager l'ampleur de Mes Désirs Fous pour toi.

Tes rêves fous, ils sont sages à Mes Yeux.

À la vue de l'Amour, rien n'est trop beau ni trop grand. C'est toi seul qui te crois petit et te contente du moyen. Au nom de l'Amour, rien de ce qui sert Mon Plan d'Harmonisation ne te sera refusé.

Ne t'interdis pas de rêver à ce qui te semble aujourd'hui impossible.

Rêver aux surprises de demain, sans exigence et sans délai, est la meilleure méthode pour que demain t'émerveille.

Tes rêves fous, il n'est pas fou de les croire sages.

Ils ont leur raison. Ils vont attirer l'incroyable : leur réalisation.

Tu attires
À toi ce que tu t'octroies.
Ta qualité de vie est le reflet de
L'image attentionnée que tu as de
Toi. Ton bonheur est le prolongement
De l'affection que tu as vis à vis de toi-
Même. L'Amour que tu t'accordes détermine
L'Amour que tu t'autorises à recevoir. En
T'Aimant avec Justesse, tu accueilles
Les justesses aimables de la Vie.
L'Amour ne s'impose pas.
C'est toi qui décides.

Tu rêves de Bonheur, tu l'espères et l'attends.

Mais es-tu certain de tout mettre en œuvre pour être heureux et ainsi de coopérer efficacement à rendre ta vie harmonieuse ?

Les causes restrictives qui chez toi ont contrarié jusqu'à présent la venue et la durée de l'harmonie, les as-tu découvertes, comprises et transmutées ?

Afin de connaître la positivité de tes comportements, comptabilise toutes les fois où tu te dévalorises et te punis. Constate les manques de confiance que tu entretiens, les reproches que tu te fais, les plaisirs que tu t'interdis et les situations insatisfaisantes que tu endures.

Comptabilise également toutes les occasions où tu te fais confiance, te félicites et t'accordes un agrément.

Ainsi tu évalues l'estime que tu as de toi.

La qualité de ta vie s'ajuste à la qualité de tes programmes de vie. Si tu te sanctionnes à la moindre défaillance, comment veux-tu que la Vie se montre agréable et facile à ton égard ?

Tu attires à toi ce que tu t'octroies. Ta vie est le reflet de l'image attentionnée que tu as de toi.

Ton bonheur est le prolongement de l'affection que tu as vis à vis de toi-même.

L'Amour que tu t'accordes détermine l'Amour que tu t'autorises à recevoir. En t'Aimant avec Justesse, tu accueilles les justesses aimables de la Vie.

L'Amour ne s'impose pas. À chaque instant, au travers de tes comportements, tu as le choix de L'accueillir ou de Le refuser. C'est toi qui décides.

Tu es libre de marcher sur des chemins caillouteux ou sur l'herbe tendre.

Si tu
Acceptes de croire
Sincèrement à la force du
Pouvoir de l'Amour, il te devient
Facile de croire en toute certitude aux
Miracles. Les Miracles sont Nos Fruits nés
De la rencontre à l'unisson entre l'infini
De ta Foi et l'Infini de Mes Possibilités.
Viens Les cueillir, mûris à point, dans
Les jardins de tes espérances à la
Belle saison de Mes Heures.
Elles sonnent toujours à
L'Heure juste.

NOS FRUITS

La réalisation de tes rêves les plus chers te semble incroyable. Il est logique que certains jours surgissent les doutes.

Surtout ne les laisse pas t'envahir. Ils finiraient par obstruer les voies que préparent tes souhaits.

La réalisation d'un grand rêve, c'est vrai, tient du miracle. Seul l'Amour permet le miracle de rendre l'impossible possible et l'inconnu connu.

Mon Amour Déborde d'Amour. Il Aime tant vous faire Partager ses Attentions, ses Joies, ses Souplesses et ses Émerveillements.

Il Attend que vous vous réconciliez avec vous-mêmes et avec ses Lois. Alors, Il Peut vous Donner beaucoup : tout ce qui vous attend.

Si tu acceptes de croire sincèrement à la force du Pouvoir de l'Amour, il te devient facile de croire en toute certitude aux Miracles.

Les Miracles sont Nos Fruits nés de la rencontre à l'unisson entre l'infini de ta Foi et l'Infini de Mes Possibilités.

Viens Les cueillir, mûris à point, dans les jardins de tes espérances à la belle saison de Mes Heures.

Elles sonnent toujours à l'Heure Juste.

L'accès
À la Prospérité par le
Pouvoir de tes pensées positives
Est une conception nouvelle pour
Ton esprit. Cette puissance te fait à Ma
Ressemblance. Plus tu intègres ta Dimension
Divine, plus elle s'accroît. Maintenant tu le
Sais, chacune de tes pensées est une graine
Prête à germer. Dès l'instant où tu
Penses qu'une chose est possible,
Tu lui accordes la possibilité
De devenir possible.

Tes ambitions seraient-elles plus belles que toutes Mes Bontés ? Ton imagination serait-elle plus grande que Ma Magnificence ? Allons, cela n'a pas de sens !

C'est ton esprit qui part à contresens. Il s'impatiente, s'affole et tourne en rond. Il fonctionne avec des schémas de pensées séparateurs.

Il n'a pas encore acquis l'automatisme sans faille de la Confiance absolue qui te relie directement avec les Hautes Fréquences de l'Abondance.

Rassure ton mental. Dis-lui qu'il s'épuise à envisager systématiquement le pire au lieu de toujours prévoir le meilleur.

Depuis des siècles et des siècles, il s'accommode des complications de la séparativité. Il régente à partir de ce qu'il connait. Jusqu'alors, il a enregistré plus de difficultés que de facilités, plus de douleurs que de joies.

L'accès à la Prospérité par le pouvoir de tes pensées positives est une conception nouvelle pour ton esprit. Cette Puissance te fait à Ma Ressemblance. Plus tu intègres ta Dimension divine, plus elle s'accroît.

Sois très indulgent avec ton mental. Persuade-le progressivement de ce que Mon Esprit t'Enseigne.

Maintenant tu le sais, chacune de tes pensées est une graine prête à germer. Dès l'instant où tu penses qu'une chose est possible, tu lui accordes la possibilité de devenir possible.

Ne sois ni inquiet ni impatient, il n'y a aucun vide dans l'Immensité de l'Univers. Le temps est nécessaire pour te préparer à ce que tu espères.

Plus tu imagines ton but, plus tu favorises la matérialisation de cette “réalité” en cours de conception.

Adopte le
Premier changement qui
Prépare la venue de la Nouvelle
Terre : penser "autrement". Inclus
Dans tes modes de penser l'Optimisme et
La Confiance. Ces valeurs sont constructives.
Elles mettent en mouvement les Lois
De l'Abondance. En voyant tout
Positivement, tu récoltes du
Positif "à tout va" ...

Ma Lumière aveugle ceux qui ne veulent pas Voir. Mon Amour éloigne ceux qui Le refusent.

Le Bonheur que JE vous Propose paraît impossible aux esprits mesquins.

L'idée de "laisser faire" les fait sourire, de se préparer les décourage, d'être optimiste leur paraît naïf.

Ne retenir de toute circonstance que son côté lumineux ne leur vient pas à l'esprit. Ils accumulent les nuages et leur ciel est gris quelque soit la saison. Ils ont oublié que sa couleur naturelle est d'un bleu immaculé.

Si tu te reconnais tant soit peu parmi ces moroses et ces défaitistes, décide de changer de sens la tournure de ton esprit pour que le sens de ta vie change.

Commence par mettre de l'ordre dans ce qui détermine tes comportements et, par voie de conséquence, le comportement même de ta vie : le choix de tes pensées.

Tout s'élabore à partir de ton esprit.

N'entretiens plus ces façons de penser anciennes qui organisent tes modes de vie avec une vision séparatrice : lorsque tu cherches à convaincre absolument, à posséder à tout prix et à te protéger d'un rien.

Ces types de pensées finissent toujours par diviser et compliquer. Si tu persistes à les pratiquer, tu te maintiens sous des ciels nuageux.

Adopte le premier changement qui prépare la venue de la Nouvelle Terre : penser "autrement".

Inclus dans tes modes de penser l'Optimisme et la Confiance. Ces valeurs sont constructives. Elles mettent en mouvement les Lois de l'Abondance.

En voyant tout positivement, tu récoltes du positif "à tout va"...

Je Suis votre
Sauveur seulement dans
La mesure où Je vous ai Tracé
La Voie qui Sauve. Mais Je ne vous
Ai pas pour autant épargné le travail de
“ Sauvetage” que vous devez entreprendre avec
Votre nature humaine. Le véritable sauveur
Est en Chacun de vous. Personne d’autre
Que vous-même ne peut vous sauver.
Mon Rôle, comme celui de Mes
Disciples, consiste seulement
À vous Aider de Nos
Guidances.

Moi, Le Christ, J'Appelle tous Mes enfants Bien-Aimés de la Terre à dépasser les forteresses de culpabilité érigées dans leurs inconscients par la compréhension erronée de Ma crucifixion.

Je vous Demande de Me descendre de vos croix. Cessez de vous lamenter sur Ma crucifixion. Ce n'est pas en perpétuant ma souffrance que vous allez instaurer la guérison sur Terre et inaugurer le Règne de l'Amour.

Je vous invite à ressusciter pour entrer dans votre Royaume divin dès aujourd'hui et dans ce monde.

Je me suis laissé crucifier, pas uniquement dans le but de résorber une part du lourd karma de l'Humanité, mais surtout pour vous montrer à quoi aboutit l'hypertrophie de l'ego : à l'abus de pouvoir, à l'injustice, à l'intolérance et à la violence.

Ce sont les fruits empoisonnés de la séparativité qui M'ont crucifié : l'orgueil, l'égoïsme, le rejet, la peur.

Ces quatre fléaux sont la cause des souffrances de l'Humanité. Ils engendrent la négation des Vertus de l'Amour et vous imposent un rôle, celui de bourreau ou de victime selon le camp que vos ego choisissent.

Pour sortir de ce cycle infernal et conquérir votre Salut, vous croyez avoir besoin d'un Sauveur .

Je Suis votre Sauveur seulement dans la mesure où Je vous ai Tracé la Voie qui Sauve. Mais Je ne vous ai pas pour autant épargné le travail de "sauvetage" que vous devez entreprendre avec votre nature humaine.

Le véritable sauveur est en Chacun de vous.

Personne d'autre que vous-même ne peut vous sauver. Mon Rôle, comme celui de Mes Disciples, consiste seulement à vous Aider de Nos Guidances.

Les qualités que J'Incarnais et vous Donnais en exemple : la Bonté, la Pureté, la Tolérance, la Confiance, l'Innocence, la Consécration, l'Abnégation, le Détachement dérangeaient les ego et continuent de les déranger.

La nature de l'ego est paresseuse et exigeante.

Il ne lui est pas donné de renverser ses valeurs habituelles comme Je vous le Demande, de Croire avant de Voir, de Donner avant de Recevoir.

L'ego n'aime pas les efforts et il s'ingénie à les éviter. Si vous ne faites pas le sacrifice de l'emprise de ses pulsions, vous sacrifiez l'Être pur en vous.

Revenir vers votre Source, c'est rejoindre votre Dimension divine, votre Soi. Cette dimension sacrée demeure en Chacun de vous. Elle est à la Ressemblance de Notre Créateur, tout Amour, et nous unit à Son Amour.

Respecter les Lois d'Amour ne signifie pas se complaire dans ce qui crucifie, comme vous l'ont fait croire les religions, mais crucifier ce qui est cause de crucifixions, votre "moi-je" et ses kyrielles d'auto-satisfactions.

En renonçant à vos innombrables vantardises qui vous enferment dans vos "petites grandeurs", vous pouvez ouvrir les yeux du Cœur à votre entourage.

Voilà la véritable crucifixion à réaliser, celle de vos égoïsmes, afin d'éveiller votre Flamme divine.

Si Mes Appels vous touchent, ils vous appellent. Alors prenez la Main que Je vous Tends au lieu de continuer à toucher Mes pieds cloués.

Et Chacun, l'Un après l'Autre, Je l'entraîne "Main dans la main" sur la route qui conduit à Mon Royaume. Il est vôtre dès que vous le décidez, puisque ses Semences sont dans votre Cœur.

10

La réalisation d'un
Projet dépend autant de
Ton Lâcher-prise que de ta
Confiance. Crois avec détachement.
Ne sollicite pas la réussite à tout prix.
Mais souhaite simplement que cela
Soit, seulement si cela doit être
Et uniquement quand
Cela doit être.

N'oublie
Jamais cette Merveilleuse
Réalité : tu n'es pas seul à bord
De l'embarcation de ta destinée. Et
Pour naviguer au mieux des vents, accepte
L'Assistance d'un Équipage expérimenté : Ceux
De "chez Nous" qui Veillent sur toi. Ils t'Aident
À orienter ton gouvernail et à maintenir ton
Cap vers le soleil levant de ta Réalisation.
Ainsi contre vents et marées, tu es
Assuré d'être à l'heure des
Rendez- vous que ton
Âme te réserve.

Lorsque tu te sens glisser sur la pente morose du découragement, c'est le signe que tes émotions ont pris les commandes et qu'elles t'entraînent dans le labyrinthe de leurs peurs.

Pour abattre les murs de tes obsessions mentales : "ce que tu n'as plus" ou "ce que tu n'as pas encore", envisage toute situation du bon côté, de Notre Côté.

Par la pensée, mets-toi un instant à Notre Place.

Imagine-toi le Cœur tellement débordant d'Amour que tu ne peux Le contenir et Le garder pour toi.

Voyant tes enfants chéris ou tes amis chers t'appeler au secours, ferais-tu la sourde oreille ?

Les laisserais-tu longtemps se désespérer sans leur apporter l'aide qu'ils attendent de toi ?

Puisque tu peux imaginer Notre Réponse sans hésiter un instant, tu peux envisager les infinies possibilités que recèlent les Réserves abondantes de l'Amour.

N'oublie jamais cette merveilleuse réalité : tu n'es pas seul à bord de l'embarcation de ta destinée.

Et pour naviguer au mieux des vents, accepte l'assistance d'un Équipage expérimenté : Ceux de "chez Nous" qui Veillent sur toi.

Ils t'Apprennent à orienter ton gouvernail et à maintenir ton cap vers le soleil levant de ta Réalisation.

Ainsi contre vents et marées, tu es assuré d'être à l'Heure des Rendez-vous que ton Âme te réserve.

Elle crée à mesure tout ce que tu as choisi d'expérimenter. Nous ne faisons que mettre en place ce qu'elle a prévu pour toi.

Voilà comment tu reçois au moment juste les Réponses adaptées aux demandes que tu Nous adresses.

Une entreprise,
Quelle qu'elle soit, ne se
Réalise qu'à sa bonne saison.
Chaque saison lui est "bonne". Sans
Les déclins de l'automne qui achèvent une
Période et les vides de l'hiver qui rassemblent
De nouvelles énergies, les printemps de tous
Les renouveaux ne pourraient se réveiller
Et les étés de toutes les réussites ne
Parviendraient pas à
Maturité.

LA BONNE SAISON

Si tu cueilles un fruit avant la saison de sa maturité, tu devras l'arracher et il ne sera pas comestible.

Les événements heureux de ta destinée sont les fruits que l'Amour accroche à l'Arbre de ta vie. Ils obéissent aux mêmes Lois de gestation et de maturation que tous les fruits portés par les arbres de la Terre.

Avant la bonne saison, ils ne peuvent être appréciés. Si tu tenais absolument à les déguster avant l'heure, ils n'auraient pas du tout la même saveur. Ce seraient les fruits verts d'un événement immature.

L'impatience de ton ego aurait forcé les saisons. Tu glanerais du "pas mûr", de l'à peu près au goût amer.

Tu n'aurais pas respecté le Rythme de Mes Cycles que la Nature respecte. Tu serais à contre-temps, déçu par la médiocrité de ta récolte.

Une entreprise, quelle qu'elle soit, ne se réalise qu'à sa bonne saison. Chaque saison lui est "bonne".

Sans les déclins de l'automne qui achèvent une période et les vides de l'hiver qui rassemblent de nouvelles énergies, les printemps de tous les renouveaux ne pourraient se réveiller et les étés de toutes les réussites ne parviendraient pas à maturité.

Si tu aspires à voir se lever dans ta vie le renouvellement d'un autre printemps, accepte d'abord de traverser l'hiver des deuils à effectuer avec toi-même et, par voie de conséquence, avec ton environnement.

Il t'est nécessaire de les réaliser si tu souhaites ardemment dépasser un présent qui devient automnal.

Tes pensées
Doivent être déterminées
Pour être convaincantes mais en
Aucun cas exigeantes. Fais tes demandes
Mais n'exige pas. Passe tes commandes mais
Ne commande pas. L'exigence vient de l'ego.
En l'accueillant, tu renforces sa suprématie et
te sépares des décisions sages de ta Conscience
Supérieure. Envisage le meilleur sans
Exigence. Vois grand et loin sans
Chercher à savoir comment
Ni quand.

SANS EXIGENCE

Si tu souhaites dans ta vie la réalisation d'un événement heureux qui te tient à cœur, n'attends pas passivement qu'il arrive. Pour l'inciter à venir, mets-toi en marche et pars à sa rencontre.

Inscris cet événement dans le monde subtil des pensées comme s'il était déjà "matérialisé" dans ta vie.

Cela programme sa présence dans ton champ vibratoire et facilite son processus d'incarnation. Il en résulte automatiquement une forme-pensée attractive qui l'attire vers toi dans le monde visible.

Tes pensées doivent être déterminées pour être convaincantes mais en aucun cas exigeantes.

Fais tes demandes mais n'exige pas. Passe tes commandes mais ne commande pas. L'exigence vient de l'ego. En l'accueillant, tu renforces sa suprématie et te sépares des décisions sages de ta Conscience supérieure.

Envisage le meilleur sans exigence. Vois grand et loin sans chercher à savoir comment ni quand.

Sois aussi souple que généreux même dans tes façons de penser. Il n'y a pas "de mal" à penser au bien que tu projettes de t'accorder.

Puis, laisse-Nous la marge de ta Confiance. Nous Savons, en accord avec ton Âme, quels types d'expériences tu as à vivre. Nous te présentons les situations de vie qu'il est bon que tu expérimentes.

Traverse chaque circonstance de vie avec autant de facilité que tu entres ou sors d'un véhicule qui t'emmène d'un point à un autre.

Tous tes vécus ne sont que des prétextes dont tu tires un profit évolutif.

Plus
Tes souhaits sont
Élevés, moins ils prolongent
Les pulsions de ta nature humaine.
Par contre, plus longue à venir est leur
Concrétisation. Tu dois au préalable réaliser
Un travail d'embellissement sur toi-même.
Par une épuration en profondeur de tes
Programmations personnelles, tu
Rejoins le niveau de pureté
De tes requêtes.

UN EMBELLISSEMENT

Si tu veux absolument faire une acquisition ou une rencontre à une date déterminée, tu peux l'obtenir comme tu l'avais projeté, exactement comme dans un magasin tu "tombes" sur l'objet que tu avais la certitude d'y trouver.

Cet événement n'adviendrait pas alors du plus Haut Niveau, mais de la force d'attraction générée par l'intensité de tes désirs. Et nombre d'entre eux sont les prolongements des envies impérieuses du petit moi, toujours en demande de satisfactions immédiates.

Le plaisir est sa quête permanente. Mais est-ce vraiment ton intérêt d'être entraîné dans une poursuite incessante de joies éphémères ?

Tu n'envisages pas d'atteindre le sommet d'une montagne sans équipement et sans te mettre en marche de bon matin. Pareillement, pour rejoindre la hauteur de tes espérances, donne-toi toutes les chances sans te préoccuper du temps nécessaire.

Plus tes souhaits sont élevés, moins ils prolongent les pulsions de ta nature humaine. Par contre, plus longue à venir est leur concrétisation.

Tu dois au préalable réaliser un travail d'embellissement sur toi-même. Par une épuration en profondeur de tes programmations personnelles, tu rejoins le niveau de pureté de tes requêtes.

Les allégements, ainsi opérés dans ton champ énergique, élèvent le taux vibratoire de tes fréquences.

Lorsque celles-ci sont ajustées aux vibrations des beaux souhaits que tu t'es fixés, l'événement arrive de lui-même aussi naturellement qu'un fruit se détache sans effort de sa branche lorsqu'il est mûr.

Dès que
Tu fais un pas en avant
Sur une voie d'Expansion, Nous
T'Offrons le deuxième. Ainsi tu franchis,
Bien plus facilement que tu ne le supposais,
L'étape qui t'apparaissait si difficile à atteindre.
Nous, les Guides et les Anges qui t'entourons,
Avons le Rôle de t'Accompagner. N'hésite
Pas à Nous demander de l'aide. Nous
Sommes Disposés à lancer des ponts
Entre nos Possibilités et
Les tiennes.

UN PONT "LANCÉ"

Lorsque tu as une prise de position importante à actualiser, importante parce qu'elle te met en accord avec toi-même, ose te lancer dans le vide supposé d'un non ou d'un oui jusqu'alors inhabituel.

Permets-toi de prendre le risque de surprendre et même de contrarier ceux à qui tu le destines.

Ce que tu as compris de toi doit s'incarner maintenant si tu décides de t'accorder non plus à ce que les Autres projettent sur toi mais à la personne la plus importante qui soit pour toi : toi-même.

Ce défi que tu te lances à toi-même n'est pas aussi périlleux que tu le présumes. Dès l'instant où tu oses faire le saut dans le vide du nouveau, tu constates qu'il y a déjà un pont qui t'attend.

Il facilite ta traversée entre la berge ancienne d'un état psychologique à quitter et la berge nouvelle d'un autre à adopter.

Ce pont "lancé" correspond à la partie du travail que Nous Réalisons pour toi afin de te soutenir au cours de ce passage délicat.

Dès que tu fais un pas en avant sur une voie d'Expansion, Nous t'Offrons le deuxième. Ainsi tu franchis, bien plus facilement que tu ne le supposais, l'étape qui t'apparaissait si difficile à atteindre.

Nous, les Guides et les Anges qui t'entourons, Avons le Rôle de t'Accompagner. N'hésite pas à Nous demander de l'aide.

Nous sommes Disposés à lancer des ponts entre Nos Possibilités et les tiennes, soit entre les Énergies que Nous Véhiculons et ton pouvoir de Les incarner.

Afin
D'expérimenter
Tout ce que tu as à
Comprendre, ton Âme t'invite
À "succomber" à la faiblesse d'une
Tentation. Son orientation à contre sens
S'avère être un excellent parcours d'évolution.
Les tâtonnements dans le labyrinthe des
Satisfactions illusoires préparent les
Changements d'orientation vers
La recherche de satisfactions
Authentiques.

Lorsque la vie te met en face d'une tentation, plusieurs types de réactions s'offrent à toi selon que tu as acquis ou non une maîtrise intérieure suffisante pour résister à sa force d'attraction.

Si le raisonnable en toi domine, tu sais dire non pour éviter le danger que cette situation comporte.

Ce refus sur l'instant te convient mais, avec le temps, il peut se révéler cause de frustration si certaines parties de toi ont été pénalisées.

Par contre, si ta sagesse intérieure est éveillée, tu n'es plus tenté par un chemin dont tu connais l'issue. Tu l'as suffisamment arpenté pour le refuser sans regret.

Si l'instinctif en toi l'emporte, aucune retenue ne te freine. Tu entres sans scrupule dans le terrain d'apprentissage dont cette tentation est l'instigatrice.

Cette spontanéité de réaction face à une expérience de vie encore inconnue est souhaitable. Ne te culpabilise pas pour les dérapages inévitables que cette disposition enclenche. Tu ne peux être sûr de les éviter sans les avoir complètement exploités.

Afin d'expérimenter tout ce que tu as à comprendre, ton Âme t'invite à "succomber" à la faiblesse d'une tentation. Son orientation à contre sens s'avère être un excellent parcours d'évolution.

Les tâtonnements dans le labyrinthe des satisfactions illusoires préparent les changements d'orientation vers la recherche de satisfactions authentiques.

À mesure que tu évolues, chaque "tentation" devient l'occasion de renforcer la volonté de tes Lâcher-prises au travers du défi qu'elle te permet de relever.

Lorsque tes
Projets correspondent à
Ceux de ta Conscience supérieure,
Tu peux être assuré qu'ils arrivent à
Terme. Pour évaluer si ton désir provient
De demandes "basses", celles de l'ego, ou de
Hautes Demandes, celles de l'Âme, regarde
Avec honnêteté la qualité des intérêts qui
Te motivent. Cherches-tu à satisfaire des
Envies égoïstes de glorification et de
Possession ou désires-tu avant
Tout Servir l'Amour et
L'Humanité ?

Derrière la concrétisation d'une espérance, il y a toujours l'utopie d'un rêve éveillé et d'un rêveur inspiré qui a cru à la force de réalisation contenu dans son rêve.

Rêver n'a pas seulement pour but de t'évader le temps d'imaginer une réalité différente de celle que tu connais. Rêver, c'est préparer un enfantement.

Pour accorder à un rêve une chance de naître, il doit être fécondé par la semence indispensable du désir de sa réalisation.

Le désir qu'un souhait devienne une réalité enclenche une dynamique de conception nommée projet. Le projet, comme un ovule fécondé, a besoin pour voir le jour d'une période de gestation dans l'obscurité que ton silence lui ménage.

Porte en toi, comme une mère son enfant, le temps nécessaire, ce rêve devenu projet. Garde-le dans le nid fécondant du secret.

L'énergie véhiculée par les mots annonçant sa concrétisation te donne l'illusion de sa réalisation. Les paroles transmises puisent dans la réserve d'énergie embryonnaire d'une idée et la dispersent à tout vent.

Lorsque tes projets correspondent à ceux de ta Conscience supérieure, tu peux être assuré qu'ils arrivent à terme.

Pour évaluer si ton désir provient de demandes "basses", celles de l'ego, ou de hautes Demandes, celles de l'Âme, regarde avec honnêteté la qualité des intérêts qui te motivent.

Cherches-tu à satisfaire des envies égoïstes de glorification et de possession ou désires-tu avant tout Servir l'Harmonie, l'Amour et l'Humanité ?

La décision
De te mettre en chemin
A la même importance que la
Destination vers laquelle tu tends.
En marchant, tu mets en marche la raison
D'être de ta vie qui devient ta véritable raison
De vivre : te métamorphoser. En échange de
L'énergie que tu dépenses en travaillant
Sur toi afin de progresser, tu en reçois
Largement autant. Et viennent à
Ta rencontre les opportunités
Heureuses qui facilitent
Ta marche.

UNIQUE BUT

Qu'importe où te conduit le chemin sur lequel tu évolues, l'enjeu de ta progression est aussi intéressante que son aboutissement : l'objectif que tu envisages d'atteindre.

La décision de te mettre en chemin a la même importance que la destination vers laquelle tu tends.

En marchant, tu mets en marche la raison d'être de ta vie qui devient ta véritable raison de vivre : te métamorphoser.

En échange de l'énergie que tu dépenses en travaillant sur toi afin de progresser, tu en reçois largement autant. Et viennent à ta rencontre les opportunités heureuses qui facilitent ta marche.

Ce sont tes déplacements vers l'avant qui les déplacent vers toi. En te bousculant, tu bouscules les processus constructeurs de l'Abondance de la Vie.

Ils te répondent en t'assurant à mesure les expériences et les rencontres en résonance optimale avec tes besoins fondamentaux du moment.

Ton parcours s'enrichit alors d'événements aussi passionnants que l'avènement du but visé.

Sois assuré que tout chemin conduit quelque part, même si ce n'est pas là où ta conscience humaine présumait arriver.

Ce sera toujours là où tu es au mieux pour stimuler ton éveil et favoriser ton envol.

Tu n'es pas venu sur Terre pour prendre et posséder puisque tout t'est repris.

N'assimile pas les outils à l'Œuvre. Tes réalisations et tes possessions terrestres ont pour unique But de te Réaliser au travers d'elles.

Tu ne
Peux gagner la
Richesse d'un nouveau
Style de vie sans au préalable
Investir dans le dépouillement du
Précédent. Les vides font advenir les pleins.
Alors, accepte d'être vidé de tes attachements
Passés pour être rempli différemment. Élimine
De tes croyances les manques d'envergure qui
S'opposent à tes ambitions. Elles contrarient
Ton expansion. Tu attires à toi ce que
Tu penses être vrai pour toi. Ta vie
Se fait à l'image que tu
T'en fais.

PLACARD BONDÉ

Si la Vie tarde à t'approvisionner du renouveau auquel tu aspires, cela provient d'une mémoire gênante, encore présente en toi, qui bloque son arrivée.

Tu ne peux gagner la richesse d'un nouveau style de vie sans au préalable investir dans le dépouillement du précédent. Les vides font advenir les pleins.

Alors, accepte d'être vidé de tes attachements passés afin d'être rempli différemment. Élimine de tes croyances les manques d'envergure qui s'opposent à tes ambitions. Elles contrarient ton expansion.

Tu attires à toi ce que tu penses être vrai pour toi. Ta vie se fait à l'image que tu t'en fais.

Les données de tes croyances sont inscrites dans ton champ vibratoire qui transmet à l'Univers leurs particularités afin d'attirer des réalités de même registre.

Ainsi s'organisent toutes tes rencontres. Ce sont des réponses adaptées à tes besoins.

Mais parmi toutes ces informations que tes vibrations émettent, certaines sont dépassées et doivent être transmutées : celles qui continuent à appeler dans ton environnement ce qui n'est plus d'actualité pour toi.

Comme un placard bondé ne pouvant plus être rempli, ta vie ne peut accueillir les nouvelles expériences répondant à tes compréhensions récentes aussi longtemps que tes programmes de vie sont encombrés par des valeurs anciennes.

Voilà pourquoi, comme tu fais le ménage dans ta demeure, il t'est nécessaire d'opérer avec toi-même au nettoyage des cristallisations karmiques qui se sont attachées à tes systèmes de croyances. L'espace ainsi libéré réserve une place à l'accès de nouvelles expériences.

Ta Conscience
Supérieure, elle, accueille en
Même temps l'événement perturbant
Et sa résolution. Elle sait que dans tout
Problème, toute question et toute demande
La réponse est incluse. Ainsi, en renonçant
Au volontarisme de l'ego, tu permets à la
Volonté Cosmique d'entrer en scène pour
Jouer son Rôle d'Harmonisation. Tu
Ne t'ennuieras pas. Son sens du
Comique te surprendra.

Lorsque tu as l'impression d'être engagé dans un tunnel aussi sombre et long qu'il te semble, continue d'avancer. Il n'existe pas de tunnel qui ne débouche à la Lumière d'un autre paysage.

Aussi, ne te laisse pas décourager par les tracasseries du quotidien. Chaque difficulté se présentant à toi est une invitation au dépassement d'un mode de pensée ou de fonctionnements qui commencent "à dater".

En face d'un imprévu qui surgit, tu as deux manières de réagir, suivant la qualité de conscience que tu connectes :

Soit, tu utilises la force volontaire du petit pouvoir de l'ego et, mené par la peur de ne pas être à la hauteur, tu réagis avec précipitation.

Soit, tu investis ta Confiance dans la Puissance d'Intervention de l'infini Pouvoir de ton Âme reliée à l'Âme Universelle et tu lui demandes qu'elle t'inspire la juste attitude pour sortir de l'ornière dans laquelle tu es.

Ta conscience inférieure, celle de l'ego, entre en conflit avec tout incident qui la dérange. Elle veut le solutionner le plus vite possible sans prendre le temps d'apprécier le nectar qu'elle peut en extraire : une nouvelle prise de conscience.

Ta Conscience supérieure, elle, accueille en même temps l'événement perturbant et sa résolution. Elle sait que dans tout problème, toute question et toute demande la réponse est incluse.

Ainsi, en renonçant au volontarisme de l'ego, tu permets à la Volonté Cosmique d'entrer en scène pour jouer son Rôle d'Harmonisation. Tu ne t'ennuieras pas. Son sens du comique te surprendra.

Comme les
Oiseaux le font sans se poser
De question dès que s'annonce le
Printemps, toi aussi, prépare le printemps
De ton renouveau affectif. Aménage un nid
Douillet dans ton Cœur avec des matériaux
Nobles, ceux que peuvent créer les esprits
Co-Créateurs que vous êtes. Pour cela,
Élimine de ton champ d'énergie les
Éléments gênants qui ont entravé
Jusqu'alors l'installation
De ton bonheur.

Comme un Ange désoeuvré qui n'aurait pas de protégé(e), ta solitude te pèse et tu implores la rencontre prochaine d'une Âme À Aimer.

Ne te désole pas. Tes appels appellent sa venue et un jour vous vous retrouvez.

Comme les oiseaux le font sans se poser de question dès que s'annonce le printemps, toi aussi, prépare le printemps de ton renouveau affectif.

Aménage un nid douillet dans ton Cœur avec des matériaux nobles, ceux que peuvent créer les esprits co-Créateurs que vous êtes.

Pour cela, élimine de ton champ d'énergie les éléments gênants qui ont entravé jusqu'alors l'installation harmonieuse et durable de ton bonheur.

Commence par dissiper dans le ciel de tes espérances les nuages qu'accumulent les pensées perturbantes de tes dévalorisations ou de tes accommodements.

Ce ciel, il est de la couleur dont tu le teintes. Le préfères-tu en gris ou en bleu ?

N'oublie pas que sa lumière conditionne la durée et l'intensité d'ensoleillement de tes journées.

La couleur de tes pensées au présent prépare la coloration de ton futur. Le rayonnement expansif des pensées optimistes provoque immanquablement l'arrivée d'événements heureux.

Abandonne ensuite les adversités qui ont systématiquement gâché la fluidité de ton Bien-être.

Laisse dans le pays de ton passé ce que tu désires dépasser et ne plus jamais retrouver : les aspérités sur lesquelles tu trébuchais régulièrement et les coups de vent refroidissants qui annonçaient les orages.

La vie te propose toutes les expériences nécessaires pour te faire comprendre, souvent à tes dépens, que les disharmonies extérieures que tu rencontres proviennent de tes disharmonies intérieures.

Les comportements issus des excès de la dualité sont toujours cause de perturbations psychologiques qui bouleversent le climat de vos relations.

Les pressions de l'Un écrasent l'Autre. Les manques d'amour de l'Un punissent l'Autre. Les "pas assez" de l'Un créent l'espace qui attire les "trop" de l'Autre. Vos excès se complètent.

Si tu es d'un tempérament soumis, tu t'installes dans le rôle de persécuté et tu appâtes un bourreau en quête de victime. Si tu es d'une nature dispendieuse, tu te complais dans le rôle de mécène et séduis un mendiant en quête de protecteur ...

Comment Aimer l'Autre sans lui donner ton pouvoir ou lui imposer ta volonté ?

Comment accorder la dimension humaine de ton Cœur à la dimension d'harmonie de ton Âme ?

Accepte de réajuster tes excès ou tes manques pour rejoindre ton unité. Ainsi, installé au centre de ton Être unifié, tu échappes au coup de balancier des comportements dualistes.

Alors, tu quittes le monde perturbé des jeux de rôles où les interprétations de Chacun s'affrontent.

Et comme la Loi d'attraction attire à toi un Être qui te complète, si tu es centré, il ou elle sera centré(e).

Voilà comment te permettre d'explorer un jour prochain de nouvelles contrées, celles d'une véritable relation d'Amour.

11

Ne souffre pas
Inutilement en refusant
Les bouleversements que tu crois
Désagréables. Si JE les permets, c'est
Qu'ils ont une Utilité. Ils recèlent
Une Juste Raison : te mettre en
Concordance avec le bon
Déroulement de ton
Plan de Vie.

Tes
Conflits intérieurs
Aimantent tes conflits
Extérieurs et ainsi tu reproduis
Les mêmes relations conflictuelles
Que celles dont tu as tant souffert. Tant
Que tu ne guéris pas l'empreinte laissée
Par tes souffrances passées, tu perpétues
Leur existence. Dépasse ce qui n'est plus
D'actualité et n'a aucune raison d'être
Vécu. Ta vie, alors, change car la
Vie ne te représente jamais les
Situations dont tu as su
Tirer les leçons.

J'Aime t'Appeller Mon Enfant Bien-Aimé.

JE Souhaite tellement t'Enseigner si tu décides de te mettre à Mon écoute.

JE Peux tant te Donner si tu M'accueilles.

Cesse de te croire mal-aimé en te focalisant sur ce que tu perçois comme des marques d'indifférence ou de malchance. Ces croyances obstruent le Flot naturel de l'Abondance et t'interdisent nombre des Protections spontanées et délicates de Mon Amour.

Cesse de modeler ta vie présente avec les références douloureuses qui ont marqué ton passé. La répétition de difficultés antérieures t'éloigne de ton véritable héritage : la joie des échanges harmonieux.

Pendant combien de temps et peut-être combien de vies vas-tu subir ces kyrielles de reproches, de souffrances et de déchirements ? Tant que tu reproduis les mêmes canevas punitifs, ils enchaînent les mêmes complications.

Tes conflits intérieurs aimantent tes conflits extérieurs et ainsi tu reproduis les mêmes relations conflictuelles que celles dont tu as tant souffert.

Penses-tu sincèrement que tu sois venu sur Terre pour souffrir et faire souffrir ? Crois-tu qu'il s'agisse du Plan d'Amour prévu pour Chacun de vous ?

Crois-tu vraiment que par l'endurance tu auras plus de mérite à Mes Yeux ?

Tant que tu ne guéris pas l'empreinte laissée par tes souffrances passées, tu perpétues leur existence.

Dépasse, par un travail avec toi-même, ce qui n'est plus d'actualité et n'a aucune raison d'être vécu.

Ta vie, alors, change car la Vie ne te représente jamais les situations dont tu as su tirer les leçons.

Lorsque
Ton esprit se met
À l'écoute de l'Ange qui
Sommeille en toi et attend ton
Sourire pour s'éveiller, Mon Esprit
D'Amour peut alors Entrer en Action.
Il te Libère de tout ce qui sépare et limite.
Pas à pas, Il te Soulage de tes souffrances
Intimes. En Me faisant Vivre avec toi, rien
" D'important" ne t'inquiète, rien de vital
Ne te manque. Bien au delà des mots,
Mon JE SUIS Vit en toi. Il est
Toi et tu es MOI.

L'austérité n'est pas nécessaire pour évoluer. Elle rend votre chemin plus difficile, vous prive du baume de l'Amour et restreint l'Aisance de l'Abondance.

Ainsi est retardée la venue de votre royaume sur Terre. La souffrance est aussi pesante que le lest retenant l'envol de la montgolfière.

Comment penses-tu t'épanouir si tu entretiens ce qui fait souffrir ? JE ne te demande pas de donner des preuves d'endurance mais des témoignages d'Amour.

Cesse d'accueillir le compliqué. Il crée une ouverture au douloureux. Tu te fais mal tout autant que tu fais mal. Cesse de croire que les critiques font grandir.

Tu te fais critiquer et tu n'as pas grandi.

Cesse d'apprendre et de vouloir faire apprendre dans la dureté. La dureté fait prendre les armes.

Et si tu disais non, définitivement Non, aux comportements séparateurs et aux croyances dépassées qui s'agrippent dans ton mental comme le lichen à l'arbre.

Et si tu disais oui, un Oui Absolu, à tout l'Amour que J'ai Mis en toi et en Tous pour Lui donner Vie.

Il te Pacifie et tu peux pacifier. Il te Comble et tu peux combler. Il te Guérit et tu peux guérir.

Lorsque ton esprit se met à l'écoute de l'Ange qui sommeille en toi et attend ton sourire pour s'éveiller, Mon Esprit d'Amour peut alors Entrer en Action.

Il te Libère de tout ce qui sépare et limite. Pas à pas, Il te Soulage de tes souffrances intimes.

En Me faisant Vivre avec toi, rien "d'important" ne t'inquiète, rien de vital ne te manque.

Bien au delà des mots, Mon JE SUIS Vit en toi. Il est toi et tu es MOI.

Toi qui
Connais les innombrables
Réponses de l'Univers, ne te
Laisse plus contaminer par les façons
Compliquées de vivre. Elles éloignent de vos
Vies l'Harmonie qui attend pour se manifester
Le "feu vert" de votre bon vouloir. JE Compte
Sur Mes "Bien-Pensants" pour incarner
Dès aujourd'hui les Joies du Ciel
Qui descendent actuellement
Vers la Terre.

"N'absorbe pas" la souffrance de ceux qui ont choisi de souffrir. Tu n'as pas à faire tienne leur douleur. Tu te fais souffrir inutilement.

Si là n'est pas le choix de ton Âme, tu n'as pas à t'engager sur un chemin chargé de souffrances en accompagnant ceux qui s'y attardent.

Il y a plusieurs versants pour atteindre le sommet d'une montagne.

Ils ont choisi la face nord pour se prouver "je ne sais quoi". Ils préfèrent les parcours difficiles. C'est leur choix et leur droit.

Mais toi qui connais maintenant les innombrables Réponses de l'Univers, ne te laisse plus contaminer par les façons compliquées de vivre.

Elles éloignent de vos vies l'Harmonie qui attend pour se manifester le "feu vert" de votre bon vouloir.

JE Compte sur Mes "Bien-Pensants" pour incarner dès aujourd'hui les Joies du Ciel qui descendent actuellement vers la Terre.

Vous êtes encore peu nombreux à penser correctement, c'est-à-dire, à penser exclusivement Positivement et Abondamment quelles que soient les circonstances.

Voilà votre véritable liberté, celle de votre esprit lorsqu'il est libéré des projections du mental : inquiétudes, peurs, doutes, ressentiments ...

Vous n'allez pas indéfiniment rester isolés. JE vous Regroupe pour qu'ensemble vous ayez la force de vivre au grand jour.

Ainsi, votre exemple vivant démontre, à celui qui est prêt à comprendre, le formidable pouvoir d'expansion des Valeurs gorgées du Soleil de l'Amour.

Lorsque tu
M'appelles à l'aide, si
Ta Foi est solide, tu entends Ma
Réponse : "Patience et Confiance, JE
Te Prépare". Il n'y a pas de brusquerie ni de
Contre-temps dans le bon déroulement de Mon
Plan, ni d'injustice dans le juste déploiement
De l'Amour. Tu perds un temps précieux en
T'affolant au lieu d'utiliser au mieux les
Multiples occasions uniques que
JE t'Offre afin de reculer
Encore tes limites.

Dans ces périodes de transition où tu te désespères en te croyant abandonné, ton Amour pour MOI et Mes Lois te sera très précieux.

Lorsque tu M'appelles à l'aide, si ta Foi est solide, tu entends Ma Réponse : "Patience et Confiance, JE te Prépare".

Il n'y a pas de brusquerie ni de contre-temps dans le bon déroulement de Mon Plan, ni d'injustice dans le juste déploiement de l'Amour.

Tu perds un temps précieux en t'affolant au lieu d'utiliser au mieux les multiples occasions uniques que JE t'Offre afin de reculer encore tes limites.

Les difficultés que les situations de tension te font rencontrer représentent des opportunités idéales de mettre en application ce que tu as compris.

Le Pouvoir d'élargissement de l'Amour que tu mets en circulation est ton meilleur Allié. Utilise-Le sans retenue et sans condition.

Si tu gaspilles la chance que t'offrent ces traversées délicates en refusant d'être assoupli et testé, tu ne saisis pas la possibilité d'évolution qui se présente à toi.

Au contraire, tu durcis les forteresses défensives de ton ego en croyant à la force de conviction de ses jugements séparateurs.

Devant ce qui te semble incompréhensible, voire même impossible, ne recule pas.

Serre bien ta main dans La Mienne. JE Vais t'Entraîner à traverser la couche des nuages opaques qui te séparent du Rayonnement Immaculé de Mon Soleil.

En apprenant
À ne plus repousser ce
Que tu n'as pas prévu et ce
Qui dérange tes plans, tu t'adaptes
En souplesse aux imprévus de l'inattendu
Que sont Mes Imprévus. Ils Répondent à ce
Qui est Prévu pour toi. Ainsi peut s'effondrer
Le rempart de tes résistances et s'éclipse alors
Leur cortège de souffrances. Par la souplesse
De ta disponibilité, tu rétablis notre
Union d'Amour et tu savoures
Les "Mieux-Fait " de tes
"Laisser-Faire ".

Si tu Me fais entièrement Confiance, tu ne peux pas douter un seul instant que tout ce qui t'Advient soit pour ton bien puisque JE ne Désire que ton Bien.

Si tu acceptes de croire à Ma Bienveillance et aux Protections dont tu fais l'objet, tu réussis à accepter sans aucune résistance tous les changements qui entrent sur la scène de ta vie.

En apprenant à ne plus repousser ce que tu n'as pas prévu et ce qui dérange tes plans, tu t'adaptes en souplesse aux imprévus de l'inattendu que sont Mes Imprévus. Ils Répondent à ce qui est Prévu pour toi.

Ainsi peut s'effondrer le rempart de tes résistances et s'éclipse alors leur cortège de souffrances.

Par la souplesse de ta disponibilité, tu rétablis Notre Union d'Amour et tu savoures les "Mieux-Fait" de tes "Laisser-Faire ".

Ton esprit est pacifié dès qu'il devient assez souple pour s'installer avec confort dans la Confiance.

Sur ton chemin d'Évolution, le sentiment d'insatisfaction n'est pas inévitable. Tu le rencontres aussi longtemps que ton ego refuse les changements et se focalise sur ce qui l'incommode.

Il t'empêche de voir le côté lumineux des tranches de vie que tu expérimentes. Chacune détient une leçon à comprendre. Accepte de l'apprendre rapidement, tu traverses plus vite la situation qui en est le prétexte. Et ainsi, tu en es dégagé plus tôt.

L'ouverture
De ta Confiance ouvre
En grand la Porte d'accès à Mes
Réserves d'Abondance. Ainsi rien de
Nécessaire ne peut ne te manquer. Pour
Étendre le territoire de ta Confiance, tu dois
Conquérir le terrain occupé par tes peurs en
Repoussant leur emprise. Si tu doutes un
Instant, tu te sépares de Ma Sérénité
Et immédiatement tu te sens écrasé
Par le poids des éventualités
Pessimistes.

Dans la saison d'hiver qui précède le printemps de l'événement heureux que tu attends, tu te trouves face à face avec ta vraie Force.

Cette force, c'est ta Confiance en ton Soi divin, cette Dimension supérieure de toi où Nous sommes Un, Créateur et Créés.

Tu peux t'abandonner à ce que le Soi a prévu pour toi. Tu sais qu'Il te fait rencontrer à mesure exactement les situations et les personnes qui te correspondent.

L'ouverture de ta Confiance ouvre en grand la Porte d'accès à Mes Réserves d'Abondance. Ainsi rien de nécessaire ne peut ne te manquer.

Pour étendre le territoire de ta Confiance, tu dois conquérir le terrain occupé par tes peurs en repoussant leur emprise. Si tu doutes un instant, tu te sépares de Ma Sérénité et immédiatement tu te sens écrasé par le poids des éventualités pessimistes.

Si tu regardes la réalité en face, tu es bien obligé de reconnaître la Main de la Providence dans les vides qui s'installent dans ta vie à l'approche d'un changement. Mes "Envoyés" travaillent à tes côtés pour enlever l'ancien et créer une place au nouveau qui arrive.

Ainsi, Nous te facilitons la tâche délicate de t'éloigner des Êtres qui ne te conviennent plus parce qu'ils te freineraient sur ton chemin.

Les Âmes qui divergent sont amenées à se séparer pour que se rassemblent les Âmes qui se ressemblent.

Si tu mises sur ton Soi et sur Mes Lois, tu peux, aussi facilement qu'un trapéziste, lâcher ce qui te retient et te lancer dans l'inconnu apparent de ta destinée.

Ton Soi la Connaît. Nous la Préparons Ensemble.

Il t'est demandé,
Juste avant d'être comblé par
Le "plein" de Joie d'un nouvel amour,
D'une réussite sociale ou d'une expansion
Matérielle, de traverser en confiance leurs
Opposés. Ces vides affectifs, professionnels ou
Financiers que tu appréhendes précèdent les
Pleins que tu sollicites. Ainsi tu apprends à
Apprécier en toute situation la richesse
Qu'elle détient. Elle t'enrichit de
L'acquis d'un détachement dès
Que tu la découvres.

La vraie Joie, tu ne la connais qu'après le Lâcher-Prise des affres de la tristesse.

La Paix de l'esprit, tu ne la rencontres qu'après le dépassement de tes perturbations mentales.

La Paix du Cœur, tu ne la savoures qu'après le détachement de tes nœuds émotionnels.

La Confiance Absolue, tu ne l'installes dans ton esprit qu'après le renoncement aux tourments des doutes et aux projections de peur du mental.

Ainsi, il t'est demandé, juste avant d'être comblé par le "plein" de joie d'un nouvel amour, d'une réussite sociale ou d'une expansion matérielle, de traverser en confiance leurs opposés.

Ces vides affectifs, professionnels ou financiers, que tu appréhendes par peur de manquer ou de ne pas être reconnu, précèdent toujours les pleins que tu sollicites. Ainsi tu apprends à apprécier en toute situation la richesse qu'elle détient. Elle t'enrichit de l'acquis d'un détachement dès que tu la découvres et l'accueilles.

Ces passages obligés ne durent pas longtemps si tu décides de les utiliser au mieux pour progresser au plus vite. Et dans ces traversées de déserts, tu rencontres les beaux oasis que J'Aime te dévoiler subitement.

Ma tendresse est toujours là avec toi, t'enveloppant de ses multiples manifestations et te soutenant de ses multiples clins d'œil.

J'Aime te voir sourire et rire. JE Prévois tout pour faciliter ton cheminement et il te devient de plus en plus facile à mesure que tu avances.

Le changement
Est une étape naturelle
Dans tous les processus d'évolution.
Il est la cause et la conséquence d'une
Métamorphose. Toute la Création obéit à cette
Loi de Transformation sans se contraindre ni se
Plaindre et ainsi sans éprouver les souffrances
Qui découlent de la résistance. Pourquoi
Vous Mes Biens-Aimés, êtes-vous les
Seuls à entrer en conflit avec la
Bonne logique de son
Déploiement ?

Lorsqu'un changement que tu estimes privatif s'opère dans ta vie, ne te méprends pas. Il ne s'agit pas d'une sanction.

Tout changement modifiant ton histoire t'est nécessaire. Réjouis-toi plutôt de cette aide que Nous t'Apportons. Avec le temps, tu en comprends le pourquoi.

Un changement extérieur répond toujours à un changement intérieur qui est fait ou est encore à faire :

Soit il prolonge un état de conscience nouveau qui voit le jour en toi, soit il prépare un nouvel état de conscience qui rencontre des difficultés à s'installer lorsque tu te complais dans la facilité de tes acquis habituels.

N'appréhende pas l'inconnu d'un renouveau, sa raison d'être est d'apporter un mieux.

Le changement est une étape naturelle dans tous les processus d'évolution. Il est la cause et la conséquence d'une métamorphose.

La chenille ne deviendrait jamais un papillon et ne prendrait jamais son envol si elle refusait de sortir de sa chrysalide.

Toute la Création obéit à cette Loi de Transformation sans se contraindre ni se plaindre et ainsi sans éprouver les souffrances qui découlent de la résistance.

Pourquoi vous Mes Biens-Aimés, qui seuls avez la possibilité de comprendre la juste Intelligence de ce Principe, êtes-vous les seuls à entrer en conflit avec la bonne logique de son déploiement ?

Chaque transformation intervenant sur un mode majeur ou mineur dans vos vies répond toujours aux interventions nécessaires de Ma Sagesse, en accord absolu avec vos Consciences supérieures.

Tu ne peux
Atteindre ta destination
Sans acquérir la volonté d'évincer
Toutes les situations de compromis.
Faire le sacrifice de l'ancien, en renonçant
Sans regret à des repères devenus trop petits,
Réserve la place au nouveau et à la venue de
Nouvelles expériences de vie. Sans cette
Prise de décision claire, tu ne peux
Ajuster ce que tu as l'ambition
De vivre avec ce que
Tu vis.

Certaines expériences de vie semblent te faire repartir en arrière, à la "case départ" d'une étape antérieure. Ce sont des situations tests qui te permettent d'évaluer tes acquis et tes "non encore acquis".

Lorsqu'une séquence similaire à celle déjà vécue récemment t'est proposée de nouveau, c'est dans le seul but de la vivre Autrement.

Si les leçons de l'expérience précédente sont intégrées, tu ne te laisses plus illusionner par les mêmes miroirs aux alouettes qui t'attiraient tant de déboires.

Cette fois, tu traverses cette situation avec une conscience éclairée afin de la dépasser définitivement et ainsi ne plus avoir à la revivre.

Les innombrables trajectoires offertes par la Vie ne te choisissent plus désormais malgré toi. À présent, c'est toi qui choisis celles qui te correspondent.

Tu as appris à dire non à toutes les copies que la vie te faisait de ta vie et dont tu te contentais jusqu'à hier : les "faux-semblants", les "à peu près", les "c'est bien comme ça"...

Tu ne peux atteindre ta destination sans acquérir la volonté d'évincer toutes les situations de compromis.

Si tu perpétues tes manques de cohérence, elles continuent à t'entraîner au gré des courants, appâtant toujours le même type de situations insatisfaisantes.

Faire le sacrifice de l'ancien, en renonçant sans regret à des repères devenus trop petits, réserve la place au nouveau et à la venue de nouvelles expériences de vie.

Sans cette prise de décision claire, tu ne peux ajuster ce que tu as l'ambition de vivre avec ce que tu vis.

Les interventions
Des ego se reconnaissent
Aux pressions qu'ils exercent sur
L'Autre. Ton ego cherche avant tout
À s'imposer, au risque de compliquer les
Situations. Aussi méfie-toi de ses suggestions.
Elles sont déstabilisantes. L'ego livré à lui-
Même est comme un enfant trop libre.
Il intensifie ses exigences et devient
Fortement réfractaire au moindre
Effort à déployer.

L'Amour ne laisse pas neutre deux Âmes qui se retrouvent. C'est un puissant stimulateur au service des plus incroyables transformations.

L'Amour réveille les énergies fécondes du don. Il t'incite à dilater ton Cœur, à étendre tes points de vue, à changer tes habitudes et à lâcher tes égoïsmes.

L'Amour accroche des ailes aux Âmes qui ont décidé de s'élever à deux, dans le double sens du terme : s'enseigner mutuellement et s'envoler ensemble.

Aussi, quand la saison d'un nouvel Amour se présente à toi, ne t'interdis pas de bâtir la nouvelle relation de couple qui t'est proposée en faisant tout ce qu'il faut pour ébranler ses fondations jusqu'à les détériorer.

Les sévères exigences du moi-je à l'égard du "toi-tu" de l'Autre lancent des coups de masse qui démolissent ce qui devrait au contraire se construire.

Cette méthode de pilonnage prépare jour après jour l'excellent prétexte de la rupture. Si tu refuses un Être judicieusement choisi pour toi, en réalité c'est la raison et le résultat de votre rencontre que tu fuis.

Ainsi le travail qui vous est demandé est compromis. Ce sont les Âmes qui décident de la durée d'une relation et non pas les ego. Les interventions des ego se reconnaissent aux pressions qu'ils exercent sur l'Autre.

Ton ego cherche avant tout à s'imposer, au risque de compliquer les situations. Aussi méfie-toi de ses suggestions. Elles sont déstabilisantes.

L'ego livré à lui-même est comme un enfant trop libre. Il intensifie ses exigences et devient fortement réfractaire au moindre effort à déployer.

Ose percevoir
Tous les événements imprévus
Quels qu'ils soient, même les plus
Sombres en apparence, non plus avec
Une vision punitive mais à la Lumière de
Mes Raisons Constructives. Pourquoi seuls
Les imprévus souriants devraient-ils retenir
Ton approbation et rencontrer ton intérêt ?
Accepte-les tous, ils ont tous leur utilité.
Seule, la portée heureuse de certains
d'entre eux ne se concrétise pas
Dans l'immédiat.

ÉVÈNEMENT INDÉSIRÉ

Ose vivre dangereusement en prenant des risques autres que ceux qui mettent en péril ton corps physique.

Ose vivre au jour le jour sans assurance pour tes lendemains matériels ou affectifs.

L'Univers Pourvoit à toutes les demandes quand elles répondent à de justes besoins.

Ses "Compétences" Lui permettent de relever tous les challenges. Ose Lui lancer le défi de t'approvisionner chaque jour d'une nouvelle nourriture.

Sois amateur de sensations fortes, prêt à accueillir en confiance et avec souplesse les surprises les plus étonnantes. Lorsqu'un événement ne se déroule pas comme tu l'envisageais, c'est qu'il n'avait pas de raison d'être ainsi. Comme il se présente à toi, c'est toujours de la meilleure façon pour toi.

Prends conscience que ce qui échappe au contrôle de ton ego correspond aux interventions de ta Conscience supérieure.

Elle "raisonne" en résonance avec Ma Sagesse. Ainsi, elle ajuste ta position pour que tu sois précisément à la bonne fréquence, là où tu peux recevoir les justes informations te concernant si tu te mets à leur écoute.

Apprends à voir dans chaque événement indésiré, même celui qui t'apparaît très contrariant, une pièce du puzzle que te prépare la vie.

Quand tous les éléments seront à leur place, tu t'émerveilleras de voir combien ce qu'à première vue tu prenais pour une déception s'avère être un arrangement.

Vois en tout imprévu une de Nos Aides qui te pousse à sortir de l'impasse dans laquelle te maintiendrait ton manque de discernement.

ÉVÉNEMENT INDÉSIRÉ

Ose te réjouir au lieu de te plaindre quand un débit apparent s'opère sur le "compte" de ta vie.

C'est un de Nos coups d'accélérateur qui t'engage dans un tournant décisif que seul tu n'aurais pas la volonté de prendre.

Il te propulse vers une nouvelle direction à explorer. Ta vie est en train de changer et tu es entraîné dans ce processus.

Ose percevoir tous les événements imprévus quels qu'ils soient, même les plus sombres en apparence, non plus avec une vision punitive mais à la Lumière de Mes Raisons Constructives.

Pourquoi seuls les imprévus souriants devraient - ils retenir ton approbation et rencontrer ton intérêt ?

Accepte-les tous, ils ont tous leur utilité. Seule, la portée heureuse de certains d'entre eux ne se concrétise pas dans l'immédiat.

Rien n'est pour rien dans l'organisation de ta vie. Son déroulement est orchestrée avec la même intelligence que la grande Orchestration de l'Univers.

Ainsi, il n'y a aucun gaspillage de temps ou d'occupation. Tout est prétexte à inscrire, à plus ou moins brève échéance, de l'utile et du positif.

Seules les interprétations humaines sont qualifiables de "négatives" lorsque les ego s'obstinent à regretter ce qui n'est plus d'actualité et à vouloir prolonger ce qui n'a plus de raison de durer.

12

Vois les multiples
Expériences proposées par
La Vie comme de simples véhicules
À emprunter. Ils te font progresser
Sur différentes routes jusqu'à
Trouver celle qui te conduit
À ta Destination divine,
À ton Dharma.

Tu as
Expérimenté que les
Additions ne sont pas forcément
Bénéfiques. Tu comprends aussi que
Chaque soustraction cache une addition.
La perte d'un emploi ou d'un Être cher inscrit,
Malgré les apparences, une somme positive : te
Soustraire d'une situation que tu as finie
De déchiffrer. Seulement ainsi, tu
Peux t'orienter vers d'autres
Types d'opérations.

Ton mental affectionne particulièrement les calculs. Il aime additionner, soustraire, multiplier, diviser.

Tout lui est prétexte à procéder à de multiples opérations. Tu ne peux le lui reprocher et désirer le changer. C'est son inclinaison naturelle. Ses intentions sont bonnes. Il te calcule la meilleure stratégie à adopter.

Mais tu peux orienter ton mental à choisir les bons comptes. Habitue-le à réaliser des additions là où il a tendance à opérer des soustractions. Ainsi, tu ne comptabilises dans tes mémoires que les bilans positifs à l'exclusion des appréciations restrictives.

Sollicite également ton esprit à prendre en compte les prévisions d'opérations réussies. Tu tiens simplement compte d'une donnée aussi fiable qu'indispensable : la Confiance.

La Confiance renforce ta Foi en ta "reliance" jusqu'à devenir l'Alliance Absolue où tu es libéré de tous les calculs mentaux pessimistes.

Mes Comptes ont déjà tout Calculé pour Chacun de vous. Tu peux compter sur leur Justesse.

Tu as expérimenté que les additions ne sont pas forcément bénéfiques : l'amoncellement de biens ou le trop plein d'activités, en fin de compte, ajoutent plus de soucis que d'agréments.

Tu comprends aussi que chaque soustraction cache une addition. La perte d'un emploi ou d'un Être cher inscrit, malgré les apparences, une somme positive : te soustraire d'une situation que tu as finie de déchiffrer.

Seulement ainsi, tu peux t'orienter vers d'autres types d'opérations. La naissance d'un renouveau ne peut s'effectuer que sur le décompte d'un retrait.

Pour réussir à
Te libérer définitivement
De l'attraction de souffrances
Extérieures, guéris tes souffrances
Intérieures. Elles font office d'aimant.
Les souffrances du Cœur n'ont pas d'autre
Intérêt que de te permettre de cerner, après
Qu'ils aient été touchés, tes points
Douloureux : tes blessures et
Toutes les limitations qui
Y sont attachées.

CIBLES FACILES

Comme le jardinier préparant sa terre, dès que tu entreprends un travail sur toi, tu es conduit à retourner le terrain de tes vécus. Tu y découvres les racines fermement incrustées de croyances qui te limitent.

Ces repères se sont ramifiés dans tes façons de vivre, ayant trouvé dans les empreintes de tes souffrances passées une terre propice à leur développement.

Comme les rhizomes de certaines plantes vivaces, ces croyances restrictives donnent naissance à la prolifération des mêmes situations décevantes.

Si leur manque d'harmonie ne t'attirait pas toujours les mêmes ennuis, tu ne te préoccuperais pas de tes propres disharmonies.

Pour réussir à te libérer définitivement de l'attraction de souffrances extérieures, guéris tes souffrances intérieures. Elles font office d'aimant.

Les souffrances du Cœur n'ont pas d'autre intérêt que de te permettre de cerner, après qu'ils aient été touchés, tes points douloureux : tes blessures et toutes les limitations qui y sont attachées.

Si tu ne désires plus que tes émotions soient des cibles faciles à atteindre, dissous les entraves au bonheur que tes vécus manquant d'amour ont déposées dans tes corps subtils. Ces dépôts sont comme un caillot dans une artère. Ils obstruent la circulation de l'énergie.

Lorsque tu te décides à "déboucher tes canalisations" subtiles, tu croises les Êtres qui peuvent t'aider.

Ainsi peut couler sans discontinuité la fluidité de Mon Harmonie. Les manifestations de ses innombrables Bienveillances te signalent qu'Elle Veille désormais sur chaque instant de ta vie.

Aussi
Fou que cela puisse
Te paraître, ne cesse jamais de
Remercier quoi qu'il arrive. JE Sais ce
Que tu es prêt à comprendre et comment
Te le faire Comprendre en vue de t'Aider
À évoluer. Aucun événement n'est bon
Ou mauvais en soi. Chacun détient une
Pierre Précieuse. À toi de la dénicher
Pour l'enchâsser sur le diadème
De tes victoires.

Une flèche bien décochée vient d'atteindre ton Cœur en plein cœur et tu ressens une douleur incontrôlable saigner de cette blessure.

Prends conscience que cette douleur en apparence conséquente à un incident précis ne provient pas de cet événement, mais de l'impact qu'il produit sur une souffrance intérieure non guérie.

Certains événements désagréables ne t'atteignent pas alors que d'autres qui ne le sont pas davantage t'ébranlent s'ils font mouche sur un souvenir douloureux inscrit dans tes mémoires.

Et tu souffres doublement, à cause de cette situation présente et du souvenir qu'elle ravive.

Laisse couler la douleur qui saigne. Les pleurs te soulagent et t'aident à fluidifier une cristallisation ancienne. En ne refoulant pas ta peine, tu acceptes d'entrer en elle pour entendre en toi ce qui appelle au secours.

Aussi fou que cela puisse te paraître, ne cesse jamais de remercier quoi qu'il arrive. JE Sais ce que tu es prêt à comprendre et comment te le faire Comprendre en vue de t'Aider à évoluer.

Aucun événement n'est bon ou mauvais en soi. Chacun détient une pierre précieuse. À toi de la dénicher pour l'enchâsser sur le diadème de tes victoires.

Vois une souffrance plus marquante que les précédentes comme un cadeau d'Ordre Divin. Elle t'offre l'opportunité de prendre "pour de bon" une grande décision : celle de pratiquer une thérapie qui va t'aider à dissoudre les attachements à tes souffrances passées.

Ainsi tu peux transmuter ce qui attire à toi, mais malgré toi, les mêmes types de situations inconfortables.

Les Cadeaux
Que Nous Aimons t'offrir,
Les coups de chance imprévus,
Les rencontres agréables arrivant à point
Ne peuvent se manifester qu'après les véritables
Cadeaux que tu t'accordes d'abord à toi-même :
Opérer des changements en toi pour permettre
À ta vie de changer. Quoi qu'il t'advienne,
C'est Inutile de chercher une responsabilité
À l'extérieur de toi. Tu es le créateur
Responsable de ta destinée.

Les Cadeaux que Nous Aimons t'offrir, les coups de chance imprévus, les rencontres agréables arrivant à point ne peuvent se manifester qu'après les véritables cadeaux que tu t'accordes d'abord à toi-même : opérer des changements en toi pour permettre à ta vie de changer.

Quoi qu'il t'Advienne, c'est inutile de chercher une responsabilité à l'extérieur de toi. Tu es le créateur responsable à part entière de ta destinée.

Les "réceptions" que sont les événements de ta vie sont totalement dépendantes des "émissions" que sont tes types de croyances et de comportements.

Toutes les réalités restrictives, les déceptions et les échecs que tu subis actuellement trouvent leurs origines dans ce réservoir karmique où s'inscrivent, au cours de cette vie et des précédentes, tes actions. Leurs qualités appellent des retours de même qualité.

Heureusement, tu as la possibilité d'avoir accès à tes multiples parcours. Ils sont tous enregistrés dans tes mémoires, attendant d'être révélés afin de te livrer les enseignements dont ils sont porteurs.

Dès que tu les accueilles avec l'indulgence du Cœur au cours d'une régression de vies, tu comprends avec l'intelligence de l'esprit leur importance.

L'éclairage de ta compréhension, à la fois lucide et aimante, purifie les zones d'ombre de tes vécus antérieurs. La Lumière dont tu inondes tes cellules guérit leurs "vieilles" programmations.

Voilà le plus beau cadeau que tu puisses t'offrir : dénouer les nœuds de ton passé afin de libérer ton expansion harmonieuse. Ainsi, les fondations de ton présent et de ton avenir s'appuieront sur un terrain redevenu sain.

O Bien-Aimé,
Apprends à nos esprits à
Apprécier l'exacte précision de
Ce que Tes Heures mettent à l'heure.
Les heures de rendez-vous de notre destinée
Sont les Heures Sages des Rendez-vous que
Tu nous Destines. Elles rythment le bon
Tempo du déroulement de nos temps sur
La trame de nos vies. Elles scandent à
La seconde précise les sorties et
Les entrées sur la scène de
Notre histoire.

T E S   H E U R E S

Ô Bien-Aimé, Apprends-nous à être l'heure de Tes Heures. Qu'importe si Elles ne sonnent pas aux mêmes heures que les nôtres et apparaissent, pour nos compréhensions, en avance ou en retard.

Les Sentences de Tes Heures mettent à l'heure de nos vécus les opportunités de nos vies.

Ô Bien -Aimé, Apprends à nos esprits à apprécier l'exacte précision de ce que Tes Heures mettent à l'heure.

Les heures de rendez-vous de notre destinée sont les Heures Sages des Rendez-vous que Tu nous Destines.

Elles rythment le bon tempo du déroulement de nos temps sur la trame de nos vies.

Elles scandent à la seconde précise les sorties et les entrées sur la scène de notre histoire.

Les coups de gong de Tes Heures Justes martèlent seulement les instants des justes départs.

Ô Bien-Aimé, Apprends à nos Cœurs à ne pas sursauter quand cogne une heure soustrayante. Son apparence de désespérance n'est qu'une illusion mentale.

Sourions immédiatement à ces heures contrariantes. Elles ne le sont que pour notre ego. À notre heure, nous finissons par sourire de leurs bien fondés.

Ces heures qui nous semblent à l'envers sonnent l'heure, avant l'heure, d'une Heure à l'endroit.

L'Heure riante d'une espérance en cours de réalité a besoin, pour préparer son arrivée, de clore ce qui n'est plus à l'heure du jour.

Au verdict de Tes Heures, réjouissons-nous d'être à l'heure des Heures de Ton Choix.

Ton Choix est aussi celui de notre Soi qui Sait, avec Toi, la Justesse des Bonnes Heures.

Au
Premier coup de
Froid, tes qualités factices
S'enfuient, te laissant appauvri
De leur pouvoir d'épanouissement.
Tu t'es fait croire, en faisant croire,
Que tu possèdes les qualités auxquelles
Tu aspires. Mais la Vie, elle, n'est pas
Dupe et ne peut t'envoyer, avant les
Véritables expansions de ton Cœur,
Les événements expansifs qui
Les accompagnent.

Si l'extérieur t'ébranle tant lorsqu'il t'apparaît contrariant, cela signifie que tes fondations intérieures sont encore fragiles. Elles vacillent à la moindre secousse et la belle façade de ton calme apparent s'écroule.

Tes appuis ne sont pas suffisamment ancrés. Ils ne résistent pas à l'assaut de la contrariété que représente pour toi un avis différent du tien.

Tant que l'aménagement intérieur de ta demeure n'est pas achevé, elle ne peut être habitable par les qualités que tu affiches. Elles ne réussissent pas à y demeurer, venant et repartant suivant la météorologie du jour.

Un rayon de soleil les invite et la chaleur de leur présence t'emplit de bonnes intentions. Mais tu les oublies vite car tu négliges de concrétiser tes dires.

Et au premier coup de froid, tes qualités factices s'enfuient, te laissant appauvri de leur pouvoir d'épanouissement. Tu t'es fait croire, en faisant croire, que tu possèdes les qualités auxquelles tu aspires.

Mais la Vie, elle, n'est pas dupe et ne peut t'envoyer, avant les véritables expansions de ton Cœur, les événements expansifs qui les accompagnent.

Lorsque tu constates que ta vie ne s'ouvre pas spontanément à l'approvisionnement naturel de l'Abondance, il y a "quelque chose" en toi qui refuse de s'ouvrir.

Mets de l'ordre dans ta demeure. Fais du ménage, libère-toi de tes étroitesses. Elles prennent la place de tes prochaines largesses.

Ainsi, ton intérieur devenant chaleureux accueille des invités de choix : les qualités du Cœur. À leur tour, elles accueillent des festivités de choix : les innombrables joies de la Vie qui comblent ta vie.

En acceptant
L'apparemment "mauvais "
D'un événement désagréable, tu
Explores bien plus facilement les passages
Délicats de la Vie. Ton acceptation te permet
De percevoir le message de Lumière que recèle
Même une circonstance ténébreuse. Grâce à
Ton Lâcher-prise et aux assouplissements
Qui en découlent, ta vie devient simple
À vivre. Tu traverses avec confiance
Tout ce que ton Soi te
Propose de vivre.

En refusant d'accueillir les changements surprenants qui colorent un jour différemment de sa veille, tu entames un combat épuisant et perdu d'avance : entrer en conflit contre les expériences proposées par la Vie.

Cette résistance t'empêche d'entrer avec une conscience avisée sur tes terrains d'expérimentation.

Tout ce qui se présente à toi, regarde-le comme un enchaînement d'expériences qu'il t'est utile de traverser.

Ne perds jamais de vue que ta Conscience supérieure a organisé ce déroulement d'opportunités dans un but bien précis.

Tu te compliques la vie en combattant ce qui justement est "très bien" ainsi, étant "très bon" pour ton évolution. En acceptant l'apparemment "mauvais" d'un événement désagréable, tu explores bien plus facilement les passages délicats de la Vie.

Ton acceptation te permet de percevoir le message de Lumière que recèle même une circonstance ténébreuse.

Grâce à ton Lâcher-prise et aux assouplissements qui en découlent, ta vie devient simple à vivre.

Tu traverses avec confiance tout ce que ton Soi te propose de vivre, même le "difficile".

Tu es libéré des souffrances que généraient tes résistances à ce qui t'apparaissait injuste. Ainsi, tu te rends entièrement disponible pour accueillir de nouvelles compréhensions.

Alors, une grande dame apparaît dans ton esprit : ta Paix intérieure. Tu peux l'inviter désormais à s'installer à son aise dans ton mental.

Elle y fait sa demeure si tu restes persuadé que tu es toujours à la bonne place où que tu sois.

L'inquiétude
Est un signal d'alarme qui
Sonne dans le poste de commande
De ta tête pour te rappeler que tu es
Éloigné de ton centre. Recentre-toi et
L'inquiétude s'éloigne. Au centre de toi-
Même, il y a l'infinie Certitude de ton Soi.
Il sait que tu es toujours très bien là où tu
Es. Tu as une pierre précieuse à extraire
De toute situation donnée : son
Enseignement.

SIGNAL D'ALARME

Face à une inquiétude qui se présente dans ton esprit et tente de s'y installer, prends immédiatement de la distance. Ne l'agrippe surtout pas.

Elle passe si tu ne la fais pas tienne et ainsi se dissout. Par ton acceptation confiante, le bien fondé de ce qui Est t'apparaît.

Ce qui Est correspond toujours aux expériences au travers desquelles ton Âme t'offre l'opportunité de t'enrichir d'une compréhension ou d'une intégration.

Lorsque les inquiétudes coulent dans ton esprit comme un long fleuve, ton manque de reliance leur a creusé un lit entre la rive de ta conscience humaine et celle de ta Conscience supérieure.

Sans arche de jonction pour établir une communication entre ces deux rives, ta Conscience la plus stable ne peut tempérer la plus mouvante.

Ainsi, tu es séparé de l'apaisement que transmet la Dimension divine de ton Soi.

Lui, seul, apprend au mental à tout regarder avec une compréhension positive afin de percevoir, en tout, sa portée évolutive et donc bénéfique.

L'inquiétude est un signal d'alarme qui sonne dans le poste de commande de ta tête pour te rappeler que tu es éloigné de ton centre.

Recentre-toi et l'inquiétude s'éloigne. Au centre de toi-même, il y a l'infinie Certitude de ton Soi.

Il sait que tu es toujours très bien là où tu es.

Tu as une pierre précieuse à extraire de toute situation donnée : son Enseignement.

Sais-tu
Apprécier avec quelle
Maestria Nous Orchestrons
La mise en scène des expériences
De vie que tu es invité à traverser ? Ne
T'épuise pas inutilement en t'opposant aux
Changements radicaux qui font "table rase "
De tes projets. Il s'agit toujours de Mon Plan
Au service de ta Conscience humaine afin
Qu'elle ajuste ses comportements à
La Mission terrestre choisie par
Ta Conscience supérieure.

As-tu remarqué comme la Destinée se complaît à contrarier ton emploi du temps en "blackboulant" les rencontres et les occupations que tu planifies si bien ?

" C'est pour mieux te Servir Mon Enfant "...

Chacun, quel que soit la couleur de sa peau et les rituels de sa Foi, est Mon Enfant Bien-Aimé.

Nous Mettons tout en œuvre actuellement pour Éveiller vos Consciences et Ouvrir vos Cœurs.

Nous Bouleversons vos intentions uniquement lorsqu'elles ne correspondent pas à Nos projets qui sont complètement accordés à ceux de vos Âmes.

Ce que tu projettes de vivre n'étant pas toujours en conformité avec ce que tu as à vivre, Nous devons éclipser ce qui n'a pas lieu d'être afin de mettre en place ce qui doit Être.

Sais-tu apprécier avec quelle maestria Nous Orchestrons la mise en scène des expériences de vie que tu es invité à traverser ? Avec une exactitude parfaite, Nous rassemblons au lieu idéal, au jour propice et à l'heure précise tous les acteurs adéquats.

Ne t'épuise pas inutilement en t'opposant aux changements radicaux qui font "table rase" de tes projets. Il s'agit toujours de Mon Plan au service de ta conscience humaine afin qu'elle ajuste ses comportements à la Mission terrestre choisie par ta Conscience supérieure.

Regarde comme les Décisions de Ma Volonté, à l'encontre de tes projections, se révèlent profitables ?

Sais-tu reconnaître Nos Interventions et apprécier leurs Justesses et leurs Précisions ?

Adoptes-tu l'heureuse habitude d'être à l'écoute du moindre de Nos Signes ?

Tous les
Événements et les Êtres
Qui se présentent à toi sont
Les propositions que la Vie présente
Aux limites de ton moi pour t'inviter à
Les dépasser. La plus douce façon de déjouer
Les résistances de l'ego est de recontacter
L'esprit d'Innocence de l'enfant confiant
Et enthousiaste que tu portes en toi.
Ainsi tu ouvres le regard du Cœur
Aux merveilles qui sont à
Ta disposition.

Le Royaume de Dieu, tu n'as pas à le chercher au loin ni à l'attendre longtemps. Il est tout près de toi. Il sommeille en toi dans la demeure de ton Cœur.

Il est ce sentiment de Plénitude qui t'envahit et t'habite après le dépassement des tourments créés par la séparativité de l'ego : les attentes, les exigences, les inquiétudes, les peurs, les critiques, les reproches ...

Le "petit moi" de ta conscience d'ego joue au faux gourou avec toi en réglementant les soit-disant "bons" rituels de vie à adopter. Il t'enferme dans les limites de ses croyances .

Le moi n'est pas pressé de lever ses barrières afin que tu découvres que tu es, à Ma ressemblance, sans limites. Tous les événements et les Êtres qui se présentent à toi sont les propositions que la Vie présente aux limites de ton moi pour t'inviter à les dépasser.

La plus douce façon de déjouer les résistances de l'ego est de recontacter l'esprit d'Innocence de l'enfant confiant et enthousiaste que tu portes en toi.

Ainsi tu ouvres le regard du Cœur aux merveilles qui sont à ta disposition. Elles attendent ta reconnaissance pour te faire partager leur simplicité et leur joie.

Si tu souhaites dépasser plus facilement les frontières du "moi-je" pour échapper à ses étroitesses, sollicite l'intervention "d'Un Haut Placé". Demande à un Être Réalisé de t'aider à t'en libérer.

La Force de son Amour perce dans l'enceinte de tes prisons égotiques une brèche de laquelle coule le ruisseau qui devient la rivière puis le fleuve de la Grâce.

Ce Flot croissant t'entraîne jour après jour vers l'océan d'Amour de la Plénitude de ton Soi.

Non seulement
La peur n'évite pas le danger,
Mais elle le précipite, et c'est très bien
Ainsi ! Tu es invité à regarder en face, non
Pas le danger, mais son pourquoi : quel type
De peur en toi a attiré tel type de danger ?
Et la Vie s'acharne à te confronter aux
Conditions similaires à celles qui ont
Provoqué l'enregistrement d'une
Peur pour t'inciter à la cerner
Et à la traiter.

C'est toujours la présence encombrante d'une peur qui t'immobilise à un certain niveau et t'interdit l'accès au niveau qui lui est supérieur.

Tant que cette peur est inscrite en toi, tu reproduis systématiquement, comme un rituel, les mêmes comportements immatures. Immanquablement, ils occasionnent les mêmes complications.

Par exemple, la peur de manquer inhibe ton acceptation à te séparer de ce qui n'est plus d'actualité.

Tu restes encombré sur tous les plans. Ton logement est surchargé d'objets inutiles. Ton corps retient ce qu'il devrait normalement éliminer. Ton psychisme est saturé d'émotions non transcendées. Et tes mémoires karmiques sont assombries de marques de souffrance et de dévalorisations non transmutées.

La peur de la solitude, elle, te pousse à accepter toutes compagnies, même celles qui ne t'enchantent pas au détriment de celles qui te conviendraient.

Elle t'empêche d'avoir la force de t'extraire d'une relation affective inconfortable. Tu préfères la prolonger plutôt que d'affronter une séparation.

Sans l'étape nécessaire du deuil à faire de ce que tu as à dépasser, tu ne peux être renouvelé. En retenant l'ancien, tu n'obtiens rien de nouveau ....

Voilà comment les peurs gênent ta progression.

Elles te maintiennent dans des situations moyennement satisfaisantes dont tu préfères te satisfaire plutôt que de les remettre en question.

Redoutant les bouleversements qu'impliquent l'éventualité d'un mieux, tu ne bouleverses rien.

Ainsi, tu peux traîner de vie en vie une peur tant que tu n'entreprends rien pour t'en détacher.

Les peurs sont "stockées" en profondeur dans ton inconscient d'où elles influencent tes pensées et tes réactions qui, à leur tour, influent les événements de ta vie.

Pour t'aider à extirper une peur de tes programmations, la Vie te fait plonger dans la situation idéale pour sa guérison : celle qui la réveille ...

Non seulement la peur n'évite pas le danger, mais elle le précipite, et c'est très bien ainsi ! Tu es invité à regarder en face, non pas le danger, mais son pourquoi : quel type de peur en toi a attiré tel type de danger ?

Et la Vie s'acharne à te confronter aux conditions similaires à celles qui ont provoqué l'enregistrement d'une peur pour t'inciter à la cerner et à la traiter.

Les situations que tu supposes insupportables se présentent régulièrement sur la scène de ta vie jusqu'à devenir pour toi supportables.

Ces situations sont des miroirs qui te reflètent dans un premier temps les "dégâts" causés par tes peurs, puis les étapes de ta guérison.

Lorsque tes peurs s'éloignent, les circonstances auxquelles elles étaient greffées s'éloignent également jusqu'à se retirer complètement.

Accepte en confiance de passer par les événements qui font surgir tes peurs. Ils te permettent de les dépasser et ainsi de franchir l'obstacle qu'elles opposent à la venue de nouvelles expériences de vie.

Es-tu décidé à leur dire à jamais à-Dieu ?

Oui ! Tu peux Me les remettre. J'Organise tout pour t'en délivrer.

SOMMAIRE DÉTAILLÉ

SOMMAIRE DÉTAILLÉ

CLASSEMENT ALPHABÉTIQUE

CLASSEMENT ALPHABÉTIQUE

CLASSEMENT ALPHABÉTIQUE

Si vous avez aimé ce livre, vous apprécierez certainement le "dernier né" de Marie-Do Véhouiah :

Comme le Soi m'Aime
Paroles d'Amour pour devenir soi-même
aux éditions Le Souffle d'Or

Si vous souhaitez être tenu au courant des activités proposées par l'auteure ou la rencontrer pour un channel individuel, c'est possible.

Au cours d'une consultation enregistrée, vous recevrez le message d'Amour et l'énergie de soutien d'une Entité élevée qui vous Aime et veille sur votre destinée.

numéro de portable de Marie-Do Véhouiah
depuis la France : 06 64 38 17 53
hors de France : 00 33 664 38 17 53

transcontinental
IMPRESSION
IMPRIMERIE GAGNÉ